1755

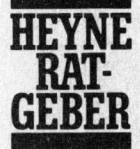

In der Serie
HEYNE-ANTIQUITÄTSBÜCHER
sind außerdem erschienen:

Antiquitäten

FRIEDER AICHELE/GERT NAGEL

NETSUKE

Mit über 200 Abbildungen

———

Originalausgabe

WILHELM HEYNE VERLAG

MÜNCHEN

HEYNE-BUCH Nr. 4474
im Wilhelm Heyne Verlag, München

Der Verlag bedankt sich bei dem Kunst- und Auktionshaus Dr. Fritz Nagel, Stuttgart, für die freundliche Unterstützung bei der Herausgabe dieses Buches.

Copyright © 1975 by Wilhelm Heyne Verlag, München
Printed in Germany 1975
Zeichnungen: Marie-Luise Schindler und Heinrich Haisch
Umschlagfoto: Dieter Hinrichs, München
Umschlaggestaltung: Atelier Heinrichs, München
Satz: Schaber, Wels/Österreich
Druck: Ebner, Ulm

ISBN 3-453-41159-5

Inhaltsübersicht

In Japan Gürtelknöpfe —
in Europa Handschmeichler

Wer hat sie nicht schon einmal flüchtig gesehen, in den Auslagen von Antiquitätengeschäften oder unter den Stücken einer Auktionsausstellung! Aber selbst der Betrachter, der schon irgendwo den Namen ›Netsuke‹ (sprich: Netske) aufgeschnappt hat, weiß oft nicht, um was es sich bei diesen kleinen Schnitzereien aus Elfenbein und Holz handelt. Wer nicht auf irgendeine Weise intensiver mit diesen japanischen Gürtelknebeln in Berührung gekommen ist, wird sie nur mit einem flüchtigen Blick — so nebenbei — streifen. Und damit wiederholt sich — leider zu oft — eines jener Versäumnisse des täglichen Lebens, durch die wir uns viel Freude und Vergnügen entgehen lassen. Wie häufig gehen wir an vielen schönen Kleinigkeiten achtlos vorbei, weil sie uns auf den ersten Blick unscheinbar und bedeutungslos erscheinen. Dabei haben gerade die Netsuke-Künstler das tägliche Leben, ruhmreiche Geschichten, fantastische Märchen, Götterfiguren, aber auch alltägliche Kleinigkeiten — en miniature — eingefangen und verewigt. All diese Sujets sind bei guten Stücken so meisterlich dargestellt, daß es unvorstellbar scheint, wie Menschen ohne besondere technische Hilfsmittel etwas so Zierliches und Bezauberndes herstellen können. Kein Wunder, daß Netsuke-Schnitzer für Meisterarbeiten mehrere Monate benötigen. Neben der Ausdauer bei der Herstellung ist vor allem die Fantasie und das Geschick der Künstler zu bewundern, wie sie aus kleinen Stückchen Material — bei ausgefallenen Rohstoffen wie z. B. Hirschhorn, Nüssen oder Halbedelsteinen, sogar mit vorbestimmter Grundform — erzählerische Miniaturkunstwerke schaffen.

Die Fotografie und die Möglichkeiten der Vergrößerung bieten uns die Chance, die minutiösen Gruppen und Gegenstände entsprechend ›ansehnlich‹ zu machen. Durch Abbildungen von verschiedenen Seiten, auch der meist sorgfältig bearbeiteten Unterseite, wird das Interesse selbst von Laien am leichtesten geweckt. Aus diesem Grund wurden dieser Publikation möglichst zahlreiche Abbildungen beigegeben, denn sie besagen über diese Kleinkunst mehr, als es viele beschreibende Worte könnten. Und ist erst einmal das Interesse geweckt, entsteht unweigerlich der Wunsch, ein Netsuke einmal in die Hand zu nehmen. Erst damit erschließt sich der ganze Zauber und Charme dieser kleinen Kunstwerke. Nicht umsonst gehört es zu den Qualitätsmerkmalen besonderer Stücke, gut in der Hand zu liegen. Es hat etwas ungewöhnlich Beruhigendes, ein Netsuke spielerisch durch die Finger gleiten zu lassen. Kein Wunder, daß es, ebenso wie die Gebetsschnur des Orientalen oder die Würfel des Spielers, in die Rubrik der Handschmeichler eingeordnet wird. Und wer schon einmal ein gutes Netsuke ›zwischen den Fingern‹ gehabt hat und dabei die weiche, oft schon abgegriffene Oberfläche, die spezifische Wärme des exotischen Holzes oder des blanken Elfenbeins gefühlt hat, der wird verstehen, daß zum Sammeln dieses japanischen Kunstgegenstandes wirklich etwas ›Gespür‹ gehört. Dabei ist wohl kein Unterschied zwischen der früheren, liebevollen Berührung des einstigen Trägers in Japan und dem zärtlichen Streicheln eines heutigen westlichen Sammlers. Beides erinnert in seiner Innigkeit an die Liebkosungen eines Liebhabers.

Während das Netsuke für den ersteren ein mit Besitzerstolz getragener kunstvoller Gebrauchsgegenstand war, ist es für den Kunstliebhaber ein reizvolles Sammelobjekt. Und infolge ihrer ›Größe‹ sind dem Umfang von Netsuke-Sammlungen selten Grenzen gesetzt. In diesem Zusammenhang sei an berühmte Privat-Kollektionen von einigen tausend Stück erinnert (siehe Kapitel: Sammler und Sammlungen). So kann sich ein Sammler, der von Zeit zu Zeit ein schönes Stück erwirbt, eine beachtliche Kapitalanlage schaffen. Dabei trägt er in bezug auf die Wertstabilität kein größeres Risiko als der Aktienspekulant. Und er kann sich — im Gegensatz zu letzterem — täglich an seinem Besitz erfreuen. Kein Nichtsammler kann sich allerdings das Vergnügen einer besinnlichen Feierabendstunde vorstellen, das der Umgang mit diesen Kleinodien ihren Besitzern verschafft. Und Gelegenheiten wie das Einfügen einer Neuerwerbung in seine Kollektion sind Augenblicke für einen Sammler, die er nicht missen möchte.

Obwohl nicht Bedingung, so sind doch Grundkenntnisse und das Verständnis der Netsuke für den angehenden Sammler sehr zu empfehlen. Unser Buch ist als Einführung in die Geschichte und die Darstellungskunst dieser kostbaren Erzeugnisse des japanischen Kunstgewerbes gedacht.

Die Tokugawa-Epoche — das Zeitalter der Netsuke

Zum besseren Verständnis der Netsuke-Kunst erscheint es angebracht, sich etwas mit der Kulturgeschichte ihrer Entstehungsepoche vertraut zu machen. Im nachfolgenden Kapitel soll der Versuch eines kurzen Geschichtsüberblicks über die Tokugawa-Zeit (1603—1867) — in welche die Blütezeit der Netsuke fällt — unternommen werden.

Seit dem 10. Jahrhundert kämpften in Japan mächtige und aufstrebende Sippen und Familien um Einfluß auf das Kaiserhaus. Als wichtige politische Institution entwickelt sich das Amt des Shogun (was dem Sinn nach ›Oberbefehlshaber‹ oder ›Reichsverweser‹ bedeutet). In der Seeschlacht von Dan-no-ura wird der Clan der Taira vernichtend geschlagen, und die Minamato-Sippe zieht 1183 als Sieger in Kyoto ein. Yoritomo, das Oberhaupt dieser Familie, wird 1192 vom Kaiser auf Lebenszeit zum Shogun ernannt. Seit dieser Zeit liegt die politische, militärische und wirtschaftliche Staatsführung beim Shogunat, d. h., das Land wurde von einer Art Militärregierung beherrscht. Der Shogun stützte seine Macht auf Provinzfürsten (Daimyo) und den Ritteradel (die Samurai). Die Kaiser, staatsrechtlich die eigentlichen Herrscher, werden nur noch wegen ihrer göttlichen Verehrung respektiert. Neben der Kaiserdynastie gibt es fortan die Shogun-Geschlechter. Der Minamato-Familie folgen später andere Sippen als Shogune. Obwohl die herrschenden Clans und die Residenzorte wechseln, bleibt dieses politische System bis 1867 bestehen. Selbstverständlich kommt es zu großen Fehden und Kriegen zwischen den mächtigen Geschlechtern um das Shogunat.

Vor allem die Zeit zwischen 1480 und dem ausgehenden 16. Jahrhundert war unruhig und erhielt wegen anhaltender innerer Streitereien die Bezeichnung ›Sengoku Jidai‹ (Zeit der kämpfenden Länder). Dieser Zeit großer Wirren bereitet Tokugawa Ieyasu, der Fürst von Mikawa, in der blutigen Schlacht von Sekigahara (1600) ein Ende. Vom Tenno (Kaiser, ungenau auch Mikado genannt) wurde er dafür 1603 mit dem Amt des Shogun belohnt. Ieyasu wurde zum Begründer der mächtigen Tokugawa-Dynastie, die bis zur modernen Restauration (1868) von nun an die Macht ausübte.

Geschickt verstand es der Tokugawa-Clan, seine Macht zu festigen und den Frieden störende Einflüsse auszuschalten. Dafür wurden verschiedene Vorkehrungen getroffen. Während Hideyoshi, der Vorgänger von Tokugawa Ieyasu, den Außenhandel stark gefördert hatte, änderte sich dies gleich in der frühen Tokugawa-Zeit. 1624 sperrte man das Land gegenüber allen Ausländern; nur Chinesen und Holländern wurde in begrenztem Umfang der Handel an bestimmten Orten erlaubt. Japanern selbst wurden Auslandsreisen verboten. Gefördert wurde dagegen alles Nationale. Neben einer auf chinesischen Studien begründeten gehobenen Literatur entfaltete sich eine umfangreiche Populärliteratur. In der Folge erlebte der Buchdruck und damit vor allem der Holzschnitt eine Blütezeit. Dem No-Theater, das mit seinen überlieferten, traditionellen Stoffen nur von Gebildeten verstanden wurde, gesellte sich das volkstümliche Kabuki-Theater zur Seite, dessen Popularität sich später in den zahlreichen Darstellungen der Meister des Farbholzschnittes widerspiegelte. Obwohl der bereits im 6. Jahrhundert eingeführte Zen-Buddhismus seine Bedeutung behielt, wurde offiziell der Konfuzianismus — mit seinen Geboten von Kindesliebe und Untertanentreue — gefördert. Von Hidetada, Ieyasus Nachfolger, wurde ein Edikt erlassen, wo-

nach in jedem Haushalt eine Buddha-Darstellung sein mußte. Dies richtete sich vor allem gegen die Christen; das Christentum erlebte nun eine erbarmungslose Verfolgung.

Während der Clankämpfe in der Mitte des 16. Jahrhunderts war mit der europäischen Kultur auch das Christentum in Japan eingedrungen. Besonders der Jesuit Franz
Xavier hatte 1549 sein frommes Missionswerk begonnen,
und schon 1582 sollen 150 000 Japaner zu Christen bekehrt
gewesen sein. Münsterberg gibt die Zahl mit 600 000 wohl
etwas zu hoch an. Infolge der Not durch die über 100 Jahre
dauernden Unruhen und Kriege hatte die christliche Heils-
botschaft besonders unter den Armen bereitwillige Aufnahme gefunden. Und beim Koreafeldzug Hideyoshis um 1598
soll die Hälfte der Armee christlich gewesen sein. Auch der
Adel war den Missionaren freundlich gesinnt, da diese die
Ritter das Gießen und den Gebrauch von Kanonen sowie
den Bau von steinernen Burgen gelehrt hatten. Jetzt allerdings befürchteten die Tokugawa-Herrscher den Einfluß
der Missionare und ihrer Religion. Der Märtyrertod vieler
Missionare und Tausender getaufter Japaner waren die
Folge. Nach wenigen Jahrzehnten war das Christentum in
Japan ausgerottet.

In Edo, dem heutigen Tokio, wurde die neue Tokugawa-
Residenz gebaut. Nach dem Namen der Hauptstadt wird
diese Epoche auch Edo-Zeit genannt. In Edo mußten die
Daimyo neben ihren Heimatresidenzen eigene Paläste unterhalten und sich jedes zweite Jahr zur Berichterstattung dort
aufhalten. Dieser Umstand, daß die entmachteten Fürsten
nunmehr Wert auf die Ausstattung ihrer Residenzen legten
und sich mit Kunst und Wohlstand umgaben, kam dem
Kunstgewerbe besonders zugute. Lackmeister, Ziseleure,
Schnitzer und Töpfer erfreuten sich der Gunst des Adels,
aber auch der zu Wohlstand gekommene Bürgerstand ge-
wann als Auftraggeber an Bedeutung. Besonders glanzvoll

war die Genroku-Periode (1688—1703), die man zu Recht mit dem europäischen Rokoko vergleicht. Mit dem Ende der Shogunate und der Öffnung Japans begann auch der Niedergang der traditionellen Netsuke-Kunst. Trotzdem gibt es selbst heute noch in Japan geschätzte Netsuke-Schnitzer.

Ebenso wie der Japaner in seinem Haus keine Möbel im europäischen Sinn hatte und seine Räume auf das Spärlichste einrichtete, trug er auch auf der Straße nicht die vielen Kleinigkeiten mit sich herum, die unsere Taschen füllen. Erst mit dem westlichen Einfluß, seit dem 16. Jahrhundert, vermehrten sich die Bedürfnisse. Der Samurai trug neben seinen beiden Schwertern seit Ende des 16. Jahrhunderts ein Inro bei sich, entsprechend trug der Händler seinen Geldbeutel, und nach Einführung des Tabaks wurden allgemein die Rauchutensilien am Gürtel angehängt. Zur Befestigung dienten Netsuke, die entsprechend dem steigenden Bedarf ständig an Bedeutung und damit an Ausgestaltung und Raffinesse gewannen. Damit wurden diese Gürtelknebel auch zu ausgesprochenen Renommier-Gegenständen, und diesem sich ausbreitenden Luxus verdanken wir heute die zahlreichen meisterlichen Miniaturkunstwerke.

Funktionen des Netsuke

Seit dem 17. Jahrhundert hat sich die japanische Kleidung nur unwesentlich verändert. Sowohl Männer als auch Frauen trugen lange, weite, schlafrockartige Gewänder. Diese knopflosen Kleidungsstücke wurden in der Mitte von einem breiten, kunstvoll geknüpften Stoffgürtel (Obi) zusammengehalten. Diese Kleider hatten weder Taschen noch Ösen. Zum Beisichtragen der Gegenstände des täglichen Bedarfs mußten daher andere Möglichkeiten gefunden werden. Während die Frauen Toilettenetui, Geldbörse u. ä. in den der Länge nach gefalteten — 34 cm breiten und 4 m langen — Gürtel steckten, trugen die Männer, wie schon gesagt, ihre Gebrauchsgegenstände am Gürtel hängend. Die angehängten Utensilien nennt man Sagemono (›Hänge-Dinge‹). Zu den von jedem Mann benützten Sagemonos gehörten der Tabaksbeutel (Tabakoire) und das Pfeifenetui (Kiseruzutsu), die Medizindose (Inro) und der Geldbeutel (Kinchaku) sowie gelegentlich das Schreibzeug (Yatate). Zur Befestigung dieser Anhängsel wurden Gürtelknöpfe und Knebel benützt. Die Gürtelknöpfe nennt man Netsuke (Ne = Holz, Wurzelholz, tsuke = hängen, an einem Faden herabhängen).

Links: Tabakbehälter in Form eines Sakebehälters, Holz mit Intarsien im Hochrelief: tanzender, betrunkener Shojo aus Perlmutt und getöntem Elfenbein. Auf der Rückseite Schöpfkelle. Sign. Jugyoku mit Rotlacksiegel: do. — Holz-Ojime mit Goldeinlagen und Elfenbein-Netsuke in Manjuform: großer Strohhut, darauf zwei Ratten.

Rechts: Pfeifenetui (Kiseruzutsu), Bambus. Vorne reliefiert mit Ashinaga und Tenaga. Rückseitig graviertes Gedicht. Sign. Koichi. L. 21 cm — mit Pfeife aus Metall und Bambus.

Links: Inro, dreiteilig. Zwei Ratten und Holzschlegel — Attribute des Glücksgottes Daikoku — in Schwarz und Gold auf Goldlackfond. Kleines Elfenbein-Netsuke: Frauenmaske.

Rechts: Inro, vierteilig. Springender Shishi. Perlmuttrelief, eingelegt auf reliefierter Landschaft in Goldlack. Ojime in Kugelform, Elfenbein-Netsuke: Shishi mit Ball, sign. Tomochika.

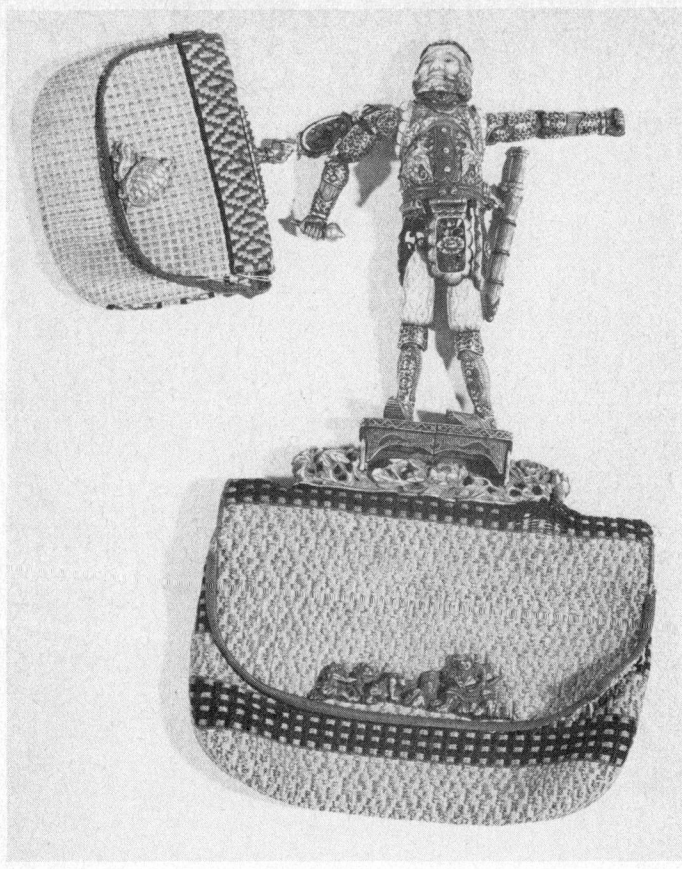

Zwei Brokattaschen mit reich verziertem figürlichem Metallbeschlag.
Zur Befestigung wurde die kleinere Tasche in den Gürtel gesteckt, so
daß die Trägerfigur als Gürtelschmuck diente. Die Figur mit reich tau-
schierten Metallgliedern, Schenkel, Brust und Kopf aus Elfenbein geschnitzt.

Ursprung des Netsuke

Der eigentliche Ursprung und die Entstehung der Netsuke liegt im Dunkel; es wurden deshalb zahlreiche Theorien und Spekulationen darüber aufgestellt.

Die teilweise erhaltenen, stabförmigen Netsuke scheinen die eine Theorie zu bestätigen, wonach sich die japanischen Gürtelknöpfe aus den Gürtel-Knebeln mongolischer Reitervölker entwickelt hätten. Eine weitere Deutung führt ihre Entstehung auf die chinesischen Siegel zurück. Mit der Übernahme der chinesischen Malkultur fand in Japan auch die Künstler-Petschaft — mit der die Maler ihre Werke signierten — Eingang. Die meist figürlich gestalteten China-Siegel wurden in Japan als Kara-Mono (China-Dinge) bezeichnet. Durch ihren täglichen Gebrauch lag es nahe, sie als Gürtelknöpfe zu verwenden. Am einleuchtendsten jedoch ist die Annahme, daß sich aus den ursprünglich verwandten Naturformen, wie Muscheln, Wurzelknebeln, Bambussegment oder kleinen Kürbissen, allmählich kunstvoll gestaltete Gürtelknopf-Formen entwickelten.

Das Netsuke wird mittels einer seidenen Kordel an dem Sagemono befestigt. Es wird so unter dem Gürtel hindurchgezogen, daß es über diesen herausschaut. Üblicherweise ist es von handlicher, meist künstlerisch gestalteter Form mit den typischen zwei Löchern (Himotoshi) zum Durchziehen der Befestigungskordel. Dabei ist meist eines der Löcher größer, damit der Kordelknoten darin versenkt werden kann. Die doppelte Kordel ist über 10 cm lang. Zwischen Netsuke und Sagemono wird meist noch ein kleiner — ebenfalls künstlerisch gestalteter — Knopf (Ojime) getragen, der als Schieber oder beim Inro als Verschlußknopf dient. Aus dieser Grundform leiten sich mehrere Varianten und Typen ab.

Himotoshi: Beispiel für die seitlich am Körper eines figürlichen Netsuke angebrachten Kordellöcher. (Die Abbildung zeigt den Sennin Chokwaro mit der Kürbisflasche. Elfenbein.)

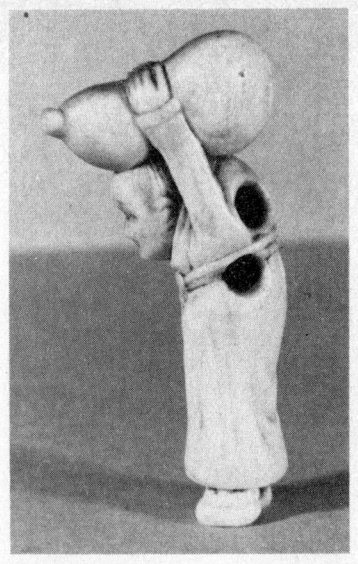

Himotoshi (Kordelloch): Abweichend von der normalen Befestigungsart mit zwei Löchern kommt gelegentlich ein einzelnes Kordelloch vor. Die von unten eingeführte Kordel wurde oben verknotet, um das Zurückgleiten zu verhindern. Die Unterseite zeigt ein Sammler-Etikett mit der Nr. 411.

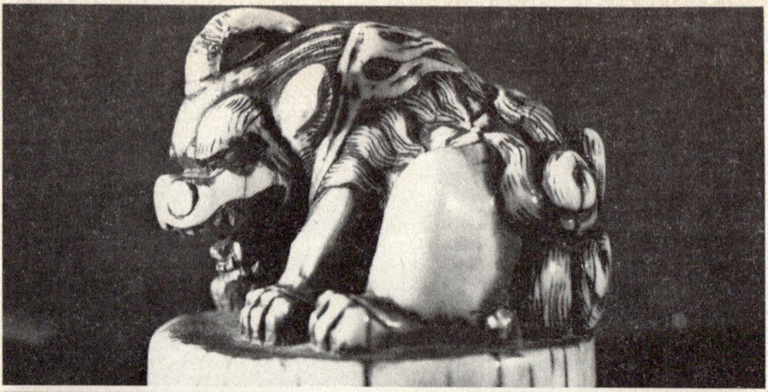

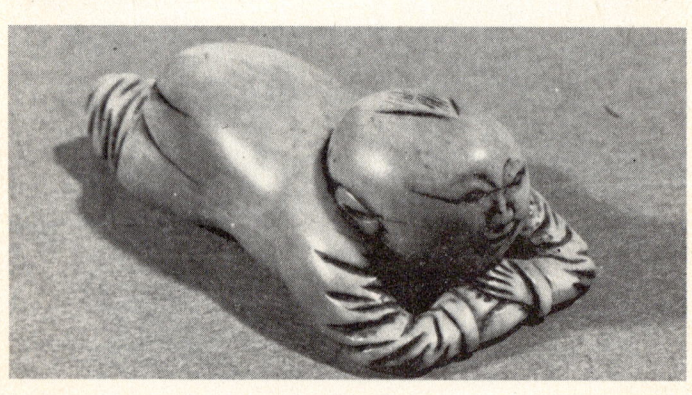

Formen des Netsuke

Zunächst sei das Sashi-Netsuke erwähnt, in dem eine Ur-
form der Gürtelbefestigung gesehen werden kann. Es handelt sich hierbei um ein stabförmiges Netsuke. Oben für die
Befestigungskordel durchbohrt, wird es wie ein Dolch in den
Gürtel gesteckt. In der Gestaltung eignete sich diese Form
besonders zur Darstellung von Fischen.

Selten kommen Obi-Hasami-Netsuke (Obi = Gürtel,
Hasami = zwischen zwei Sachen befestigen) vor. Während
die obere Rundung dieser c-förmigen Netsuke in den Gürtel
gehakt wird, hängt man in die untere Bogung den zu befe-
stigenden Gegenstand.

◁ Siegel-Netsuke (Seiten- und Bodenansicht), Elfenbein. Hockender Kirin. Bei diesem Netsuke dient das gekrümmte Horn des Fabeltieres zur
Befestigung der Tragekordel.

◁ Liegender Junge, Elfenbein. Hier dienen die in den Beugen der ver-
schränkten Arme entstehenden Zwischenräume als Kordellöcher.

Sashi-Netsuke in Form eines Fisches, Elfenbein. Bei dieser in Art eines
Dolches in den Gürtel gesteckten Netsuke-Form genügt ein Kordelloch,
auf dessen Rückseite die Trageschnur verknotet wird.

Manju-Netsuke

Nach Weber ist das Manju die älteste Netsuke-Form. Genannt sind sie nach den in der Gestalt ähnlichen runden, flachen Kuchen. Die einfachste Form des Manju ist ein runder, flacher Knopf aus Holz oder Elfenbein mit den typischen Löchern, Metallringen oder kleinen zentralen Knebeln zur Befestigung der Tragkordel. Die naheliegendste Form der Dekorierung war die Gravur oder die Reliefschnitzerei der Oberfläche. Eine kunstvollere Ausschmückung, bei der das ganze Manju mit reich durchbrochenem Schnitzwerk — oft

Manju, Walzahn. Einfache, flache Rundform. Flachrelief: Samurai mit erhobenem Schwert.

Ryusa-Manju, Elfenbein. Reich durchbrochenes Blattwerk mit Blumen.

Kagamibuta-Netsuke. Schalenförmige Elfenbeinkapsel mit eingelassener Metallplatte. Kraniche unter Lotos in reliefierter Silbertauschierung.

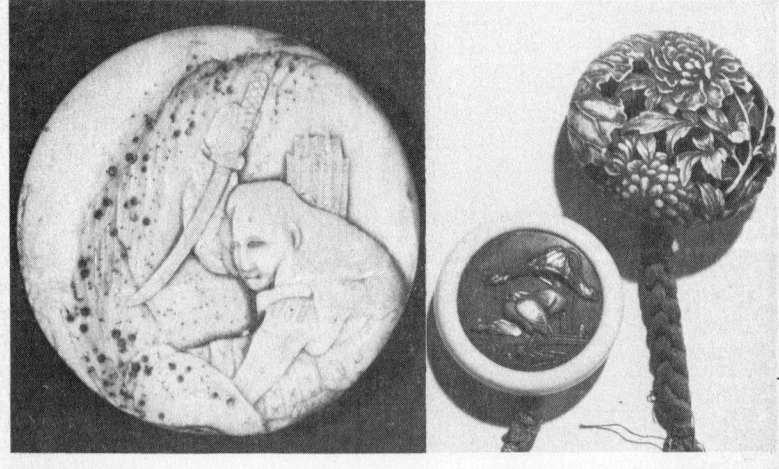

Manju-Netsuke, Elfenbein. Einfache, flache Rundform. In der Mitte gebohrtes Loch mit versenktem Elfenbeinpflock, an dessen Unterseite durch ein Loch die Kordel befestigt wird. Das vertiefte Relief zeigt Ebisu, der Daikoku Tee eingießt.

Manju, Hirschhorn. Einfache Ryusa-Arbeit: Blüten.

Ryusa-Manju, Bein. Die Darstellung zeigt Jo und Uba, das für langes, glückliches Zusammenleben symbolische Ehepaar.

25

Manju, Elfenbein. Rechteckform mit Shibayama-Dekor: Blütenzweig mit Vogel. Rückseite mit Signatur auf Perlmuttplättchen. Außerdem ist deutlich der durchgezogene Lederstreifen in dem Mittelpflock zu erkennen.

floral oder mit Tieren — dekoriert wurde, nennt man Ryusa. Ryusa, ein Schnitzer im Edo des späten 18. Jahrhunderts, entwickelte diese Form und gab ihr seinen Namen.

In quadratischer Form nennt man das Manju Obidome. Aus dem Wunsch nach besserer Kordelbefestigung und um den Knoten besser zu verbergen, entwickelte sich das zwei-

Zweiteiliges Manju, Elfenbein mit Shibayama-Dekor (verschiedene Materialien, hier Halbedelsteine und Perlmutt).

teilige Manju. Bei diesen Gürtelknöpfen werden zwei scheibenförmige Teile durch die Tragkordel miteinander verbunden. Dabei ist das Unterteil durchbohrt, die Kordel wird hindurchgeführt und ist am Oberteil verknotet. So wird Ober- und Unterteil beim Tragen zusammengezogen.

Kagamibuta-Netsuke

Dem Manju verwandt ist das Kagamibuta-Netsuke (Kagami = Spiegel, Buta = Deckel). Entsprechend einem Deckel (Buta) sind runde Metallplatten in meist durchbohrte schüsselförmige Elfenbeinhalterungen (Hohlknöpfe) eingepaßt. Diese runden Verschlußplatten haben ebenso wie altjapanische Spiegel (Kagami) auf der Rückseite eine Öse zum Befestigen der Tragschnur. Da diese Metallscheiben das vorwiegend dekorierte Teil dieses Netsuke-Typs sind, war ihre Herstellung eine Domäne der Meister eines anderen minutiösen Kunsthandwerks: der Metallkünstler, Meister in der Tsuba- und Schwertzierratfertigung.

Kagamibuta-Netsuke, Hirschhornkapsel, auf der eingelassenen Metallplatte in Eisenschnitt und mit Tauschierung: Glocke putzender Priester.

27

Die Metallscheiben wurden auf verschiedenerlei Art dekoriert. Neben der einfachen Gravur, dem Eisenschnitt, wurden unterschiedliche Techniken in raffinierter Weise kombiniert. So gibt es Kagamibuta, die reich mit verschiedenen Metallen (Gold, Silber, Kupfer, Messing) tauschiert, d. h. eingelegt sind, sowohl reliefartig erhaben als auch mit glattpolierter Oberfläche. Neben Linieneinlagen wird auch flächig intarsiert und danach noch graviert.

Die reichste und als Sammelobjekt daher beliebteste Netsuke-Form ist das Katabori. Darunter versteht man vollplastisch geschnitzte, meist figürliche Gürtelknöpfe. In der Spätzeit wurden diese minutiösen Kunstwerke so verfeinert, daß sie ihrer eigentlichen Funktion nicht mehr gerecht wurden. Sie eigneten sich nur noch als Sammel- und Aufstellgegenstände (Okimono) und werden daher Okimono-Netsuke genannt.

Holz-Netsuke, Träger mit geschultertem Lastkorb. Vollplastische, › handliche ‹ Katabori-Arbeit.

Katabori-Netsuke (vollplastisch). Obwohl die meisten figürlichen Darstellungen eine ausgesprochene ›Schau‹-Seite haben, sind gute Netsuke immer allseitig bearbeitet. Sie wollen in die Hand genommen und betrachtet werden. Obiges Beispiel zeigt Sennin Gama mit Kröte und Pfirsich, es ist aus Elfenbein gearbeitet und signiert.

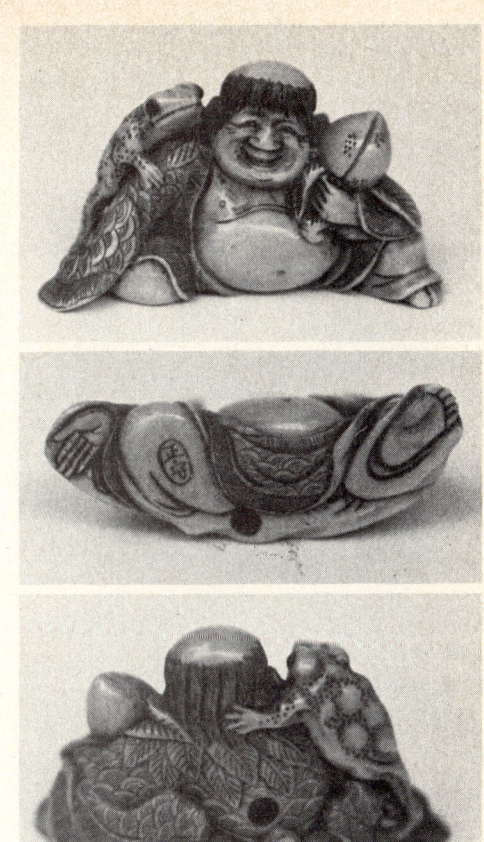

Katabori-Netsuke

Von den Katabori-Netsuke gibt es mehrere Sonderformen, von denen Balance-Netsuke, Trick- oder Spielzeug-Netsuke genannt seien. Bei letzteren lassen Schnitzer ihrer Fantasie und ihrem Geschick bei der immer neuen Gestaltung von überraschenden Spielereien freien Lauf. Sich öffnende Fruchtkerne oder deren Nachbildungen mit minutiösen Innenschnitzereien, Figuren mit beweglichen Köpfen und dergleichen findet man unter diesen Erzeugnissen.

Zu erwähnen sind weiter die Masken-Netsuke. Sie sind meist Nachbildungen großer Masken, welche bei den traditionellen japanischen Theaterspielen Verwendung fanden. Perzynski hat mit seinem Buch über ›Japanische Masken‹ dem Sammler ein gutes Rüstzeug zur Identifizierung der einzelnen Typen in die Hand gegeben.

In No-Dramen finden mehr als hundert Masken Verwendung. Außerdem gibt es auch noch typische Masken für Gigaku- und Bugaku-Schauspiele. Kein Wunder, daß die Identifizierung seltener Maskentypen schwierig ist. Bei den Netsuke-Masken kommt noch die individuelle Darstellungsart einzelner Schnitzer bei den verkleinerten Nachbildungen hinzu.

Andere nach ihrem Sujet benannte Formen sind die Puppen-Netsuke (Ningyo).

Ebenso wie bei den Siegel-Netsuke lag es nahe, dem Gürtelknopf neben seiner Aufgabe zur Befestigung noch eine zweite Funktion beizugeben. Dazu zählen: *Suigaraake-Netsuke.*

Das sind schalenförmige metallene Aschenbecher, die mittels einer Öse an den Tabaksbeuteln befestigt waren. Sie waren zum Ausklopfen und Aufnehmen der Asche der kleinkopfigen japanischen Pfeifen nach zwei bis drei Zügen nötig. Auch hierbei ließen die Künstler, in diesem Fall auch Metallkünstler, ihrer Fantasie bei der Gestaltung freien Lauf.

Aber auch Feuerzeuge oder Pfeifenhalter fanden in entsprechender Ausformung als Netsuke Verwendung. Später benutzte man auch kleine Fernrohre, Kompasse, Rechenrahmen und Taschenuhren als Netsuke.

Die besondere Vorliebe der Lackkünstler gehörte dem

Hako-Netsuke, kleinen kastenförmigen Dosen mit Deckeln (Hako). Diese Behältnisse dienten unter anderem zur Aufnahme von Siegeln.

Getrocknete Kürbisfrüchte und deren Nachbildungen aus anderen Materialien galten als Talisman gegen Unfälle, da dem Kürbis (Hyo-Tan) magische Kräfte zugeschrieben wurden. Man nennt sie Hyo-Tan-Netsuke.

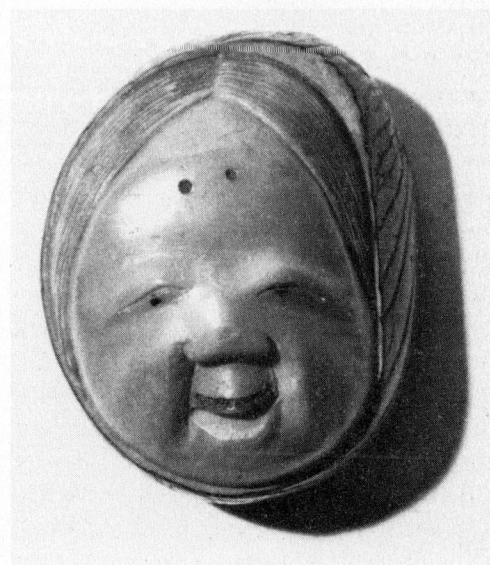

Okame, aus
einer Coroza-
Nuß geschnitzt,
Rückseite
unbearbeitet.

Materialien

Obwohl zur Herstellung von Netsuke die unterschiedlich-
sten und vielfältigsten Materialien benützt werden, sind es
die Werkstoffe Holz und Elfenbein, die am häufigsten Verwendung finden. Und während in Japan den Holznetsuke
die bedeutungsvollste Stellung zukommt, werden bei uns
normalerweise Netsuke zuerst mit Elfenbein in Verbindung
gebracht. Und da dieses Material unter den Netsuke-Ange-
boten europäischer Auktionen überwiegt, drängt sich der
Schluß auf, daß der westliche Sammlergeschmack den Ex-
port dahingehend beeinflußt hat.

Dem Holz kommt in Japan in diesem Zusammenhang
mehrfache Bedeutung zu. In dem waldreichen Land war es
der beliebteste Baustoff. Besonders das Zypressen-Holz
(Hinoki) fand beim Bau von Tempeln und folglich auch
beim Schnitzen von Buddhastatuen Verwendung.

Auf Grund dieser Tradition scheint auch der erste berühmte Netsuke-Schnitzer, Yoshimura Shuzan, bevorzugt
Zypressenholz verwendet zu haben. Obwohl das weiche
Holz für die beim Tragen stark strapazierten Netsuke nicht
geeignet war, schnitzten auch Shuzans Nachfolger aus Zypressenholz.

Durch die starken Abnützungen und das häufige Aus-
brechen der Kordellöcher wurde bald Buchsbaumholz bevorzugt. Dieses harte und zähe Material mit seiner feinen
Faserstruktur eignete sich bestens zu minutiösen und zier-
lichen Schnitzereien, die durch das Tragen außerdem eine
schöne Patina bekamen.

Auch der Tokyoter Netsuke-Schnitzer Miwa erkannte die
Problematik des weichen Zypressenholzes und verstärkte

Holz-Netsuke. Hirtenjunge vor liegendem Ochsen. Sowohl die Feinheit der Gesamtdarstellung als auch die Behandlung des Gewandes sind für die meisterliche Behandlung dieses Materials kennzeichnend.

Holz-Netsuke. Arzt, der sich über einen Patienten beugt. Dieses alte Netsuke zeigt starke Abnützungen durch das Tragen, trotzdem sind kulturgeschichtliche Details, wie der in den Gürtel gesteckte hölzerne Bokuto (sogenannter Ärztedolch) zu erkennen.

Holz-Netsuke. Badende, sich mit einem Handtuch den Rücken reibend. Durch Behandlung der Oberfläche versteht es der Netsukeshi, trotz der Gleichartigkeit des Materials verschiedene Oberflächen-Effekte zu erzielen. Während die Haut der Badenden naß erscheint, ist der Werkstoff bei den Holzzubern zu seiner natürlichen Geltung gebracht.

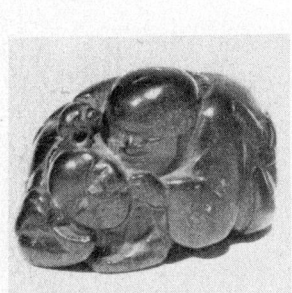

Bambus-Netsuke: Shishi mit Brokatball. Im Gegensatz zu den meisten Arbeiten aus diesem Material ungewöhnlich fein ausgearbeitetes Stück. Der dreifach unterteilte, am Körper angelegte Schwanz ließ drei für die Kordelführung verwendbare Löcher entstehen, so daß auf spezielle Himotoshi verzichtet werden konnte.

daher als erster die Kordellöcher durch Elfenbeinringe. Außerdem verarbeitete er als erster Kirschbaum und Ebenholz. Aber auch alle anderen Holzarten wurden verwendet, so zum Beispiel Kampfer (Kusunoki) und Sandelholz (Byakudan), Eibe (Ichii), Fichte (Kusabi), ja sogar Holz von den Teebüschen (Cha) oder Kameliensträuchern (Tsubaki). Besonders erwähnt sei auch das Bambusholz, bei dem die Schnitzer die typische Struktur geschickt ausnützten. Aber auch die Kerne von Pfirsichen, Aprikosen oder Nüsse wurden zu Netsuke verarbeitet.

Die Oberflächen der Holz-Netsuke wurden nicht nur

sorgfältig poliert belassen, sondern gelegentlich auch mit Farben oder Lack bemalt. Selbst Korallen, Edelsteine, Perlmutt und Edelmetalle wurden in Netsuke eingelegt. Beliebt war auch das Einsetzen von Gesichtern und Gliedmaßen aus Elfenbein.

Wie bereits erwähnt, war Elfenbein das zweitbeliebteste Material. Es erfüllt durch seine Härte die besten Voraussetzungen für die Verwendung als Netsuke.

Der Nimbus des Wertvollen und Seltenen umgab dieses Material, das seit Anfang des 17. Jahrhunderts importiert wurde. Nur berühmte Schnitzer wie z. B. Kaigyokusai konnten es sich leisten, sogar noch unter dem besten Elfen-

Tänzer mit übergestülpter Shishi-Maske. Dieses Holz-Netsuke mit Elfenbein zeigt, daß auch die gemeinsame Verwendung dieser beiden gebräuchlichsten Materialien üblich war.

Elfenbein-Netsuke. Auf Ovalsockel die legendäre Begegnung der Helden Soga no Goro und Asahina Saburo, wobei letzterer dem anderen ein Rüstungsteil abreißt. Die Unterseite zeigt deutlich die netzartig gemaserte Struktur des Elfenbeins, wie sie sichtbar wird, wenn der Zahn scheibenweise zerteilt wird. Außerdem weist die Unterseite ein markantes Beispiel einer Signatur (Hidemasa) auf. Zudem ist dieses Netsuke ein weiteres Beispiel für die Kordel-Befestigung mittels einem einzigen Loch. Vergl. Farb.-Abb. Umschlag-Rückseite.

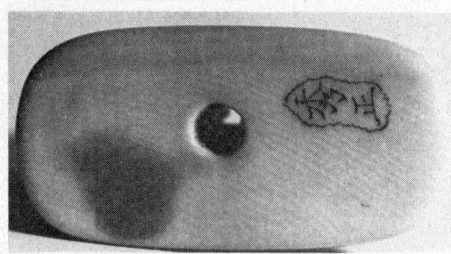

bein — aus Stoßzähnen siamesischer Elefanten (Tokata genannt) — das wertvollste auszuwählen. Aber auch aus den dreieckigen Abfallstücken bei der Herstellung der elfenbeinernen Plektrums für Samisen (nationales Saiteninstrument) wurden Netsuke geschnitzt. In diesem Fall war der Werkstoff billiger, doch mußte der Schnitzer seine Darstellung in die vorgegebene Form zwingen. Die dreieckige Form blieb auch nach dem Schnitzen meist erkennbar. Von

Elfenbein-
Netsuke.
Felsige Minia-
turlandschaft
mit Pavillons
zwischen
Kiefern.
Unterseite
mit deutlicher
Netzstruktur
des Elfen-
beins, Signa-
tur und zwei
Himotoshi.

Richard Wolf wird die trianguläre Form damit erklärt, daß
man den teuren Elfenbeinzahn in Scheiben geteilt und diese
wie Torten aufgeschnitten hat, um möglichst wenig Abfall
zu haben.

Vom Elfenbein schwer zu unterscheiden sind Walroß-
und Narwalzahn, ebenso Eberhauer und andere Tierzähne.
Da diese Importware teuer kam, fanden das heimische Bein
(Knochen), Hirsch- und Büffelhorn häufige Verwendung.

37

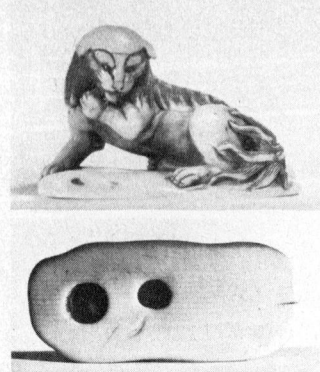

Elfenbein-Netsuke. Hockender Shishi, sich die Vorderpfote leckend. Die Unterseite zeigt die streifige Struktur des längsseitig aufgeschnittenen Elfenbeinzahns.

Hirschhorn-Netsuke, Fukurokuju mit Fächer. Es ist leicht zu erkennen, wie geschickt der Schnitzer die naturgegebene Geweihgabel in seine Darstellung einbezogen hat.

Elfenbein-Netsuke. Shishi mit Ball auf hohem Sockel und auf einem Besen hockende Ratte. Beide Stücke zeigen durch ihre Umrißform, daß sie wohl aus den triangulären Stücken, die bei der Herstellung der elfenbeinernen Plektrums für Shamisen abfallen, gefertigt sind.

Ausschnitt eines Bein-Netsuke. Deutlich ist die poröse Knochenstruktur in der hohen Mütze zu sehen. Die Poren in der Mitte hat der Künstler seitlich als Muster nachgeahmt.

Horn-Netsuke: Ovaler Siegel-Sockel mit hockendem Shishi.

Geschickt wurde dabei oft die naturgegebene Form in die Gestaltung einbezogen. Die grobe Struktur ließ allerdings feine und ausgefeilte Bearbeitungen nicht zu. Zu den ausgefallensten tierischen Materialien zählt der Schnabel des Hornbill-Vogels (Pfefferfresser).

Bei den bereits erwähnten metallenen Netsuke-Typen wurden die beim Schwertzierrat und anderen Metallarbeiten benützten Kupferlegierungen verwandt. Z. B. Shakudo (mit wenig Silber und etwa der doppelten Menge Gold) ergibt einen warmen Bronzeton; Shibuichi (mit etwa einem Viertel Silber) erreicht ein grausilbriges Aussehen; Sentoku (mit

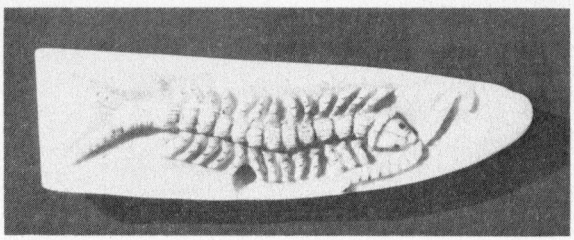

Eberzahn-Netsuke. Dieses auf der Iwami-Insel bevorzugte, heimische Material ist durch seine Naturform leicht zu erkennen. Fast immer wurde eine Hauerhälfte als Fond gestaltet, auf welchem ein plastisches Insekt dargestellt wurde. Es entwickelte sich ein eigenwilliger Stil. Unsere Beispiele zeigen einfache Arbeiten, wie sie noch heute hergestellt werden: eine Spinne auf einem Blatt und einen Tausendfüßler.

Netsuke aus Umimatsu: naturalistisch gearbeiteter getrockneter Fisch, auf dessen Kopf eine Maus sitzt.

Netsuke aus gepreßtem Horn. Unser Beispiel zeigt Hotei; um den Bedarf bescheidener Käufer befriedigen zu können, wurden Stücke wie der beliebte Glücksgott in diesem preiswerten Material ohne künstlerische Individualität gefertigt.

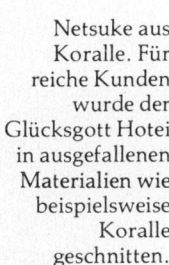

Netsuke aus Koralle. Für reiche Kunden wurde der Glücksgott Hotei in ausgefallenen Materialien wie beispielsweise Koralle geschnitten.

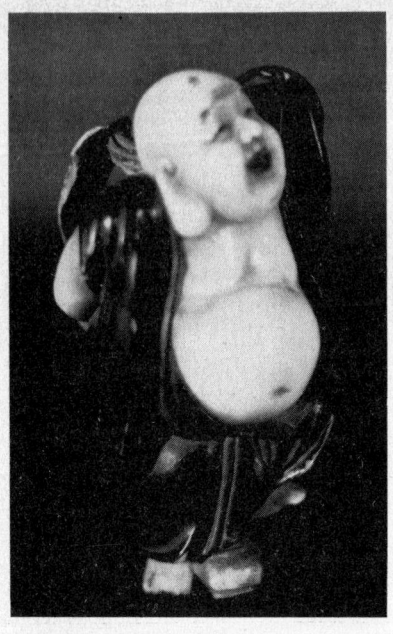

Gelacktes Elfenbein-Netsuke. Um das häufig gebrauchte Material aufzuwerten, wurden Elfenbein-Netsuke partiell mit Lack bemalt. Das gezeigte Beispiel eines Hotei mit gelacktem Gewand war sicherlich für Kunden gedacht, die auf besondere Wirkung bedacht waren.

Zinn, Zink und Blei) mit einem Aussehen wie Messingbronze.

Um dem Renommierbedürfnis der ansonsten auf anderen Schmuck verzichtenden Japaner gerecht zu werden, wählten Netsuke-Künstler immer neue und teils ausgefallene Stoffe. So sind Gürtelknöpfe aus Perlmutt, Koralle, Edelsteinen und Edelmetallen bekannt. Jäger beispielsweise waren auch stolz darauf, besondere Jagdtrophäen wie Vogelkrallen oder Tigerklauen — meist kunstvoll gefaßt — als Netsuke zu verwenden.

Aber nicht nur als Grundmaterial, sondern vor allem auch als Dekoration und zur Ausschmückung von Holz- und Elfenbein-Netsuke fanden Stoffe wie Horn, Koralle, Amber, Perlmutt, Glas und ähnliche Verwendung. Während

Netsuke im Shibayama-Stil. Besonders aufwendig wurden Stücke gefertigt, die neben dem Grundmaterial (meist Elfenbein) mit anderen Werkstoffen wie Perlmutt, Koralle und Halbedelsteinen ausgeschmückt wurden. Bei dem vorliegenden Abbildungs-Beispiel hat der Künstler diese Technik fantasievoll und sinnreich angewandt, indem er einen alten Mann und einen mit Kostbarkeiten

gefüllten Korb darstellt. Die Schätze sind in den wertvollen Original-Materialien ausgearbeitet. Mit solch kunstvoll ausgeführten Arbeiten wurde die Verwendungsmöglichkeit eingeschränkt, und man spricht hierbei von Okimono-Netsuke (okimono = Zierstück). Die Seitenansicht zeigt besonders anschaulich, wie Pfeifenetui und Tabaksbeutel am Gürtel getragen wurden.

bei Stücken aus dem 18. Jahrhundert meist nur die Augen und Pupillen aus anderen Materialien eingelegt waren, gibt es im 19. Jahrhundert reich im Shibayama-Stil ausgeschmückte Arbeiten.

Die Beliebtheit der Netsuke veranlaßte auch Künstler anderer Kunstgewerbe-Zweige, sich ihrer anzunehmen. So entstanden Gürtelknöpfe aus Porzellan, Lack, Cloisonné und selten aus Glas.

Inro, vierteilig. Roter Schnitzlack, auf blütengemustertem Grund figürlich staffierte Landschaft. Ojime in Kugelform, Manju-Netsuke quadratisch, zum Inro passend.

Porzellan-Netsuke in Form einer leicht geöffneten Muschel. In der Öffnung: Tempeltor, das Innere als Phallustempel ausgestaltet (erotisch). Die Außenseite mit buntem floralem Dekor.

Techniken

Der Netsuke-Schnitzer bearbeitet sein Rohmaterial mit den verschiedensten Werkzeugen, wozu neben vielen Schnitzmessern auch Bohrer, Meißel, Feilen u. ä. gehören.

Obwohl sich die Schnitzmesser für verschiedene Holzarten und Bambus deutlich voneinander unterscheiden, haben sie meist dünne Klingen. Die Klingen der Schnitzmesser für Elfenbein, Bein und Horn dagegen sind meist dick, da mit ihnen eher geschabt als geschnitten wird.

Neben der feinen naturalistischen Schnitzerei gibt es noch die ›Ein-Messer-Technik‹, Ittobori genannt. Man darf das nicht wörtlich als Schnitzereien mit einem Messer verstehen. Vielmehr ist es ein Schnitzstil, bei dem die exakte, naturalistische Form einer großflächigeren weicht.

Das zuletzt erfolgende Polieren geschieht aus der freien Hand. Die nach dem Schnitzen verbleibenden Rauheiten werden zuerst mit getrocknetem Schachtelhalm abgerieben, dann mit nassen Blättern des Mukunoki-Baumes geschliffen und schließlich mit der Ibota-Frucht poliert (nach Brockhaus).

Um eine möglichst naturalistische Darstellung zu erzielen, wurden häufig Fell, Haare oder Stoffmuster von guten Meistern fein eingraviert und bei Elfenbein-Netsuke mit Eisensulfat eingeschwärzt.

Weiteren Zierrat bildeten die bereits erwähnten Intarsien von anderen Materialien.

Bei Holzarbeiten bot sich von alters her eine teilweise Bemalung oder Gesamtlackierung an. War es bei den Shuzan-Stücken vor allem ein zusätzlicher Schutz für das weiche Zypressenholz, so zielten spätere Arbeiten nur auf größere Effekte ab.

Holz-Netsuke im Ittobori-stil. Unter dieser sogenann-ten ›Ein-Messer-Technik‹ versteht man die stark stili-sierte und auf eine charak-terisierende Form reduzier-te Darstellungsart. Unser Beispiel zeigt die pausbäcki-ge Okame.

Neben der Herstellung von Döschen-Netsuke (Hako) wurden Lacktechniken auch zur Bemalung verwendet. So wurden zu Lack-Inros vor allem dazupassende Lack-Netsuke gefertigt. Neben Schwarz- und Goldlack wurde in selte-nen Fällen für solche Garnituren auch geschnittener Rotlack (Schnitzlack) verwendet. Eine besondere Lacktechnik, die vornehmlich den dämonischen Ausdruck der Oni-Darstel-lungen verstärkt, ist der Negoro-Lack. Hierbei wurde die über einem Schwarzgrund liegende rote Lackschicht so durchgerieben, daß eine fleckige Oberfläche entsteht.

Geschichte

Es gibt keine Quelle, die uns zuverlässige Angaben über den Ursprung und die Entstehungszeit der Netsuke nennt. Wie aus dem bisher Vorgetragenen zu folgern ist, muß man sich die Entwicklung allmählich und gelegentlich vorstellen. Zunächst waren wohl sich anbietende Befestigungsmöglichkeiten wie der Schwert- oder Dolchgriff für die Tragbeutel gebräuchlich. In geeigneter Naturform haben sich Holzknebel, Bambusstücke, kleine Kürbisse, Muscheln oder Steine als Gürtelknöpfe angeboten. Danach wurden aber auch Gebrauchsgegenstände, wie beispielsweise Siegel, verwendet. Mag sein, daß diese Form der Befestigung von Behältnissen chinesischen Ursprungs ist. Der Gürtelknopf in der speziellen Form der Netsuke jedoch ist sicherlich typisch japanisch.

Vermutlich war auch bei dieser Entwicklung die menschliche Eitelkeit eine wichtige Triebfeder. Ausschließlich zufällige Formen befriedigten bald nicht mehr. Die zunehmende Ausschmückung führte nach und nach zur vollständigen künstlerischen Ausgestaltung der Gürtelknöpfe.

Der Netsuke-Schnitzer und Experte Kyuichi Takeuchi (1857—1916) behauptete, daß Netsuke in der Ashikaga-Ära (1335—1573) bereits allgemein im Gebrauch waren. Spätere Experten wie beispielsweise Neil K. Davey datieren die Entstehung und Einführung des Netsuke in die Mitte des 16. Jahrhunderts. Und Brockhaus stellt zu Recht fest, daß das Entscheidende, nämlich die künstlerische Gestaltung, erst Mitte des 18. Jahrhunderts einsetzte.

Der Anbau des bereits seit etwa 1570 eingeführten Tabaks hat die Entwicklung des Netsuke seit Anfang des 17. Jahrhunderts entscheidend beeinflußt. Je mehr Dinge am Gürtel befestigt werden mußten, desto größeren Aufschwung nahm die Netsuke-Kunst; sie erlebte ihren ersten Höhepunkt. So weist Brockhaus darauf hin, daß der Genuß von Tabak gleichermaßen bei Männern und Frauen so stark verbreitet war, daß der Shogun Iyeyasu bereits 1612 ein allgemeines Rauchverbot erließ. Offensichtlich jedoch von kurzer Dauer. Brockhaus unterstreicht besonders die von der Rauchkultur ausgehenden Anstöße für die Entwicklung des japanischen Kunstgewerbes.

Ueda Reikichi führt aus, daß sich in der prunkvollen Genroku-Periode (1688—1703) auch andere Künstler — neben ausgesprochenen Netsuke-Schnitzern — mit dieser Kleinkunstform beschäftigt haben. Da Personen unter dem Rang eines Ritters (Samurai) das Tragen von jeglichem Schmuck verwehrt war, wurden Netsuke als Äquivalent immer kunstvoller und reicher ausgestaltet. Große Künstlergruppen und Schulen entstanden, und von der Mitte des 18. Jahrhunderts an erlebte das Netsuke etwa hundert Jahre lang eine glänzende Blütezeit. Hierüber sind wir durch das Soken Kisho, ein in sieben Heften erschienenes kunstgeschichtliches Buch des Kaufmanns Inaba aus Osaka von 1781, eingehend unterrichtet. In einem Kapitel über Netsuke werden erstmals bedeutende Künstler namentlich erwähnt und bedeutende Stücke bildlich wiedergegeben.

Seit Mitte des 19. Jahrhunderts scheint die Kunst des Netsuke unterzugehen. Vor allem westliche Einflüsse, wie das Tragen europäischer Kleider, sind dafür verantwortlich. Aus dem kunstvoll gestalteten Gebrauchsgegenstand wird ein nicht länger benützter Kunstgegenstand. Aber dem schwindenden inländischen Interesse steht eine steigende Nachfrage ausländischer Sammler und Liebhaber gegenüber. Das Netsuke wird zu einem auf der ganzen Welt gesuchten Sammelobjekt. Wie sehr sich dabei die Tradition

Schachspiel, die Figuren in Art der Netsuke gearbeitet und mit Kordellöchern versehen. Da diese zweckgebundenen Figürchen nie zum
Tragen am Gürtel vorgesehen waren, sind sie ein augenfälliges Beispiel
für das gedankenlose Fortführen der Netsuke-Tradition.

erhalten hat, beweisen die in Netsuke-Art geschnitzten Figuren eines Schachspieles, die — ohne Sinn — noch mit den
Himotoshi (Kordellöchern) versehen sind.

Daß auch zeitgenössische Meister-Schnitzer noch gebüh-
rende Beachtung finden, beweist der Erlös von fast US-$ 6500
im Dezember 1972 (damals etwa DM 23 000,—) für ein
Geister-Netsuke des 1973 verstorbenen Schnitzers Sosui.

Selbst in Europa gibt es Schnitzer, die sich der japanischen
Netsuke-Tradition zuwenden. So wurde beispielsweise 1974
in London ein Netsuke des Engländers Michael Birch in der
Form einer elfenbeinernen Bohnenschote für £ St. 1100 (ca.
DM 6500,—) versteigert.

Signaturen und bedeutende Schulen

Die Problematik der Signaturen hat H. G. Bunke in einem kleinen Netsuke-Brevier sehr anschaulich aufgezeigt. Meistens legt ein Neuling beim Netsuke-Sammeln anfangs Wert darauf, daß seine Erwerbungen signiert sind. Darin sieht er eine gewisse Qualitätsgarantie, die ihm die fehlende Beurteilungserfahrung ersetzen helfen soll. Dem steht jedoch gegenüber, daß von dem wohl bedeutendsten Künstler Shuzan kein signiertes Stück bekannt ist, während spätere Shuzan-Kopien und Nachahmungen mit seinem Namen gezeichnet sind. Auch ist es für einen Fälscher kein Problem, ein minderwertiges Netsuke mit der Signatur eines bekannten Meisters zu versehen.

Weitere Schwierigkeiten sind auch bei Originalsignaturen vorhanden. So war es bei den Japanern z. B. allgemein Brauch und sehr beliebt, den Namen öfters zu wechseln. Nach Kindernamen (Yomyo), die mit 15 Jahren abgelegt wurden, gab es neben dem Familien- (Uji) und Vornamen (Na) noch Ruf- (Tsusho) und Necknamen (Azuma). Die Künstler bedienten sich der Künstlernamen (Go).

Die Namens-Signatur besteht meist aus zwei oder drei Schriftzeichen, wobei die gleichzeitige Verwendung verschiedener Schriftarten das Entziffern der Signaturen selbst für den Japaner erschwert. Es gab eine rein japanische, eine japanisch-chinesische Schreibweise, daneben eine Art Kursivschrift und außerdem besonders für Schriften und Urkunden eine Siegelschrift.

Neben der Namens-Signatur wird von manchen Künstlern das Kakihan verwandt. Es ist ein individuelles Zeichen,

Beispiele für Signaturen in Reserven. Davey unternimmt in seinem Werk »Netsuke« den Versuch, aufgrund der Reservenformen Netsuke einzelnen Schulen und Künstlergruppen zuzuweisen. Damit wird bei gleichnamigen Künstlern aus verschiedenen Orten eine Unterscheidung ermöglicht. Neben klaren Rechteck- und verschiedenen Ovalformen kommen auch gezahnte und unregelmäßige Reserven vor.

Neben der relativ schwierigen Entzifferung und Bestimmung des Künstlers ist die Feinheit einer Signatur außerdem ein Kriterium für die Qualität eines Stückes.

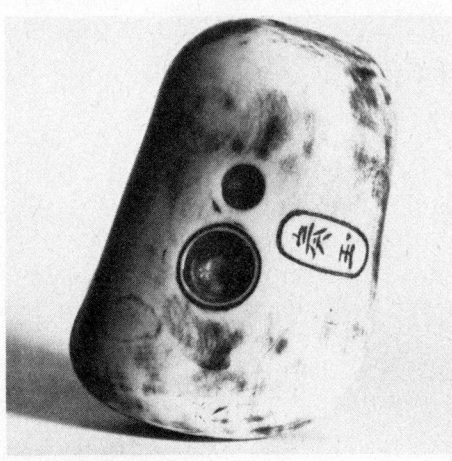

Beispiele für eingelegte Signaturen. Außer den gravierten Reserven gibt es aus anderen Materialien eingelegte Signaturen. Die Signaturplättchen werden gerne in einem kontrastierenden Material eingelegt: Elfenbein und Horn in Holz, Rotlack und Perlmutt in Elfenbein.

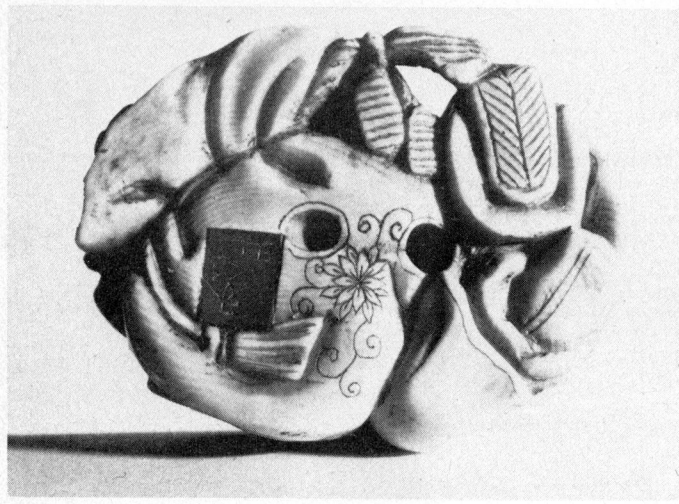

meist in Siegelform. Berühmte Künstler benützten diese
› Siegel-Signatur‹ alleine, meist ist sie jedoch ein Zusatz zur
Namens-Signatur. Durch diese Doppelsignatur ist es bei
gleichnamigen Künstlern möglich, eine Unterscheidung zu
treffen.

Schließlich finden sich neben Signaturen noch andere Zusätze wie: »geschnitzt von ...«, »kopiert nach ...«, »verfertigt im Alter von ...«, oder »Schüler von ...«.

Die Namens-Signatur mit Zusätzen wird als Chomei bezeichnet. Im Gegensatz zu dem allgemein von Künstlern benützten Mei (Signatur) versteht man unter dem Chomei die ausschließliche Bildhauer- oder Schnitzersignierung.

Bei Keramik-Netsuke vorkommende Blindprägungen (Stempel oder Siegel) nennt man Yaki-in.

Über Eigenarten in Schreibweise und Signierung gibt Ueda Reikichi in seinem Netsuke-Handbuch eingehend Auskunft. Dieses Buch enthält auch eine umfangreiche Sammlung von ca. 1350 Netsuke-Künstlern, teilweise mit Wiedergabe ihrer Signaturen. Auch in dem heute kaum noch zugänglichen Standardwerk von Brockhaus werden ebensoviele Künstler aufgeführt.

Die umfangreichste Sammlung von Netsukeshi (Netsuke-Schnitzer) veröffentlichte Neil Davey nach den Unterlagen von M. T. Hindson mit etwa 3400 Künstlernamen.

Aus dieser Vielzahl von Künstlern seien einige berühmte Meister herausgegriffen.

An erster Stelle steht der bereits erwähnte legendäre Yoshimura Shuzan. Er arbeitete Mitte des 18. Jahrhunderts in Osaka und ist bekannt für seine kühn gestalteten mythologischen Figuren. Sie sind aus Zypressenholz gefertigt, farbig bemalt, und da er nicht signiert hat, beruht ihre Einordnung nur auf Zuschreibungen. Zu seinen Nachfolgern gehört Nagamachi Shuzan, er benützte Buchsholz, seine stets signierten Arbeiten bemalte er wie Yoshimura Shuzan.

An Berühmtheit steht Tomotada aus Kyoto — ebenfalls Mitte 18. Jahrhundert — Yoshimura Shuzan wenig nach. Schon in dem bereits erwähnten Werk Soken Kisho wird er als Genie im Schnitzen von Tieren bezeichnet. Als Werkstoff bevorzugte er Elfenbein. Seine liegenden Ochsen gehören zu den gesuchtesten Sammlerstücken. Das führte dazu, daß viele spätere Netsukeshi entsprechende Sujets mit seiner Signatur versahen.

Sowohl aus Holz als auch aus Elfenbein gestaltete Masanao (Edo, 18. Jahrhundert) seine Tiere und Menschen. Mit gleichem Namen gab es sechs weitere Künstler.

Miwa (Edo, Ende 18. Jahrhundert) verschmähte Elfenbein. Er war der erste, der die Himotoshi (Kordellöcher) bei seinen Holz-Netsuke mit gefärbtem Horn einfaßte, um die Gefahr des Ausbrechens sowie der Kordelabnützung zu vermindern. Seine vorwiegend japanischen Motive entnahm er dem täglichen Leben, oft schuf er aber auch groteske Gestalten.

Ogasawara Issai (Wakayama, Ende 18. Jahrhundert) wird verschiedentlich als der größte Netsuke-Schnitzer bezeichnet. Seine minutiösen Arbeiten in Elfenbein und Walroßzahn waren so begehrt, daß es sogar schon zu seinen Lebzeiten schwierig war, eines seiner Werke zu erhalten.

Im 18. Jahrhundert ist das Netsuke bereits so populär und gewissermaßen hoffähig gewesen, daß auch ein Meister des Schwertschmuckes wie Hamano Shozui sich in dieser Kunst versuchte. Andere Künstler wie Maler, Lackkünstler und Porzellaner folgten.

Auch Joman (Anfang 18. Jahrhundert), ein Mitglied der seit dem 10. Jahrhundert Theatermasken schnitzenden Deme-Familie, begann als erster Netsuke in Form von Masken herzustellen. Sein Sohn Uman wurde auf diesem Gebiet berühmt und fand viele Nachahmer.

Wie die vierzig Mitglieder der Deme-Familie bildeten zahlreiche Clans Künstlerschulen. Dabei mußte nicht unbedingt der Sohn den Namen weiterführen, ebenso konnte dies ein Meister einem Lieblingsschüler gestatten. Daher gibt es verschiedentlich auch mehrere Nachfolger mit dem Schulen-Namen. Zur Unterscheidung werden ihre Namen oft chronologisch durch Zusatz von Ziffern gekennzeichnet. Dabei bleibt es sehr schwierig, z. B. eine Arbeit von Tomochika I. von Erzeugnissen des Tomochika II. zu unterscheiden. Neben den Meisterschulen wird auch nach der regionalen Eigenart im Stil in Schulen eingeteilt. Für die Kyoto-Schule sind im Gegensatz zu den sonst minutiösen Stücken große und kraftvolle Arbeiten charakteristisch.

Die Netsuke aus Eberzahn stammen fast ausschließlich aus der Iwami-Schule, benannt nach der abgelegenen, gleichnamigen Provinz. Ihr Gründer war Tomiharu, Iwao I. genannt. Seine Tochter Bunshojo erhielt den Künstlernamen Iwao II. Ihr Neffe Gansui war Iwao III.

Kopien, Fälschungen, Nachgüsse

Durch ihre Wertschätzung im alten Japan wurden bereits damals Kopien und Nachahmungen von Netsuke berühmter Künstler angefertigt, manchmal sogar mit gefälschter Signatur. Die heutige Beliebtheit und der hohe Wert führten zur Herstellung von Reproduktionen.

Für Kopien verwendet man heute gerne Hirschhorn, da auch alte Stücke aus diesem Material relativ einfach gearbeitet sind.

Bei Elfenbein versucht man durch grobe und derbe Formen archaische Stücke vorzutäuschen. Fertige Arbeiten werden dann oft noch getönt, um den Anschein einer alten Patina zu erwecken.

Da alte Holz-Netsuke fein ausgearbeitet waren, meidet der Kopist diesen Werkstoff.

Diese bewußten Fälschungen haben nichts mit den qualitätsvollen neuzeitlichen Arbeiten im traditionellen Stil zu

Links oben und links Mitte: Rück- und Unterseite eines aus Plastik gegossenen und dann überarbeiteten Netsuke. Während eine einfache, plastische Oberfläche leicht gegossen werden kann, ist es technisch unmöglich, die durch Bohrung miteinander verbundenen Kordellöcher beim Guß zu erzielen. Durch den erfolglosen Versuch, eine Kordel einzuziehen, werden derartige Nachgüsse schnell als Fälschungen entlarvt. Auch die mit einer groben Feile bearbeitete Unterseite kann nur den absoluten Anfänger täuschen. Während bei echtem Elfenbein die tun. Solche wertvollen Stücke sind meist vom Künstler mit dem eigenen Namen signiert.

Die Kopien sind selbst für den Laien nach einiger Schulung an ihrer unzulänglichen Qualität zu erkennen.

Das Fehlen der alten handwerklichen Fähigkeiten ließ nach neuen Herstellungsmöglichkeiten suchen. Neben den derb geschnitzten Nachahmungen werden Netsuke heute beispielsweise aus elfenbeinähnlichen Kunststoffen gegossen. Während die äußere Form in sich abgerundeter Stücke leicht abgenommen und nachgegossen werden kann, ist es nicht möglich, die miteinander verbundenen Himotoshi (Kordellöcher) zu gießen. Daran erkennt auch der Laie sehr einfach diese massenweise zu billigen Handelspreisen fabrizierten Nachgüsse und kann sich vor Enttäuschungen schützen.

Irrtümer mit gekonnten Kopien werden aber wohl keinem Sammler erspart bleiben. Der Verlust, das bezahlte ›Lehrgeld‹, wird durch die gewonnene Erfahrung und neue Erkenntnisse ausgeglichen. Es gibt viele Sammler, die sich selbst nach dem Aufbau einer umfangreichen Kollektion nie von derartigen Fehlkäufen — als abschreckende Beispiele — trennen. Andererseits sei dem jungen Sammler empfohlen, bei einem anerkannten Fachmann eines oder mehrere gute Netsuke zu kaufen, um beim Sammeln einen Maßstab für künftige Käufe zu haben.

Maserung sehr fein und natürlich gewachsen erscheint, kann die gefeilte Struktur ihre künstliche Entstehung nicht verheimlichen.
Vergleich zwischen einem Nachguß und einem Original-Elfenbein-Netsuke. Die untere Abbildung zeigt deutlich die Unterschiede der Kordellöcher zwischen dem Nachguß und einem echten Netsuke.
Rechts oben: Die Frontansicht des Nachgusses zeigt die derbe Ausführung (z. B. die Hände und die primitive Oberflächenbehandlung).
Darunter: Frontansicht eines Original-Netsuke: liegender Ochse.

Sammler und Sammlungen

Von den Erzeugnissen der japanischen Kunst und des Kunsthandwerkes begeistern neben Farbholzschnitten, Stichwaffen und dem Schwertzierrat vor allem diese kleinen Schnitzereien seit fast hundert Jahren den europäischen Sammler.

Außer Sammlungen in Museumsbesitz (Victoria-Albert- und Britisches Museum, London; Museum für Kunst und Gewerbe, Hamburg; Musée Guimet, Paris, und Asiatisches Kunstmuseum, Venedig) gab und gibt es bedeutende Privat-Sammlungen. So erwähnt Albert Brockhaus — selbst Besitzer einer Sammlung von über 1700 Stück — die Versteigerung der Sammlung Goncourt in Paris 1897. Ferner gibt er eine Aufstellung bekannter Privatsammlungen, darunter die Kollektion Bing, Paris, Tomkinson, England, und Louis Gonse, Paris. Katalogverzeichnisse und Auktionskataloge ermöglichen es, heute noch auftauchende Stücke dieser bekannten Sammlungen wiederzuerkennen. So konnten wir unter den uns zur Auktion eingelieferten Kollektionen Stücke aus den berühmten Sammlungen Behrens (Manchester, mit 6400 Exemplaren die größte und bedeutendste seiner Zeit) und Reiss (England, 1700 Stück) entdecken.

Zu den größten, nach dem Zweiten Weltkrieg versteigerten Kollektionen gehört die Sammlung M. T. Hindson mit über 1300 Arbeiten. 1974 veröffentlichte Davey nach den Katalogunterlagen ein umfangreiches Buch, das unter anderem auch die erzielten Preise enthält.

In diesem Zusammenhang ist auch auf den internationalen Sammler-Zusammenschluß, die ›Vereniging voor Japanese Kunst‹ in Den Haag, hinzuweisen. Vor mehr als 30 Jahren wurde sie in Holland gegründet. Kein Wunder, denn

Holland kann auf eine über 200 Jahre alte Handelstradition mit Japan zurückblicken. Als die Insel sich noch gegen alle anderen westlichen Einflüsse strikt abschloß, genoß die holländisch-ostindische Compagnie bereits das Privileg, auf der winzigen Insel Deshima im Hafen von Nagasaki eine Handelsstation unterhalten zu dürfen. Das führte zu wirtschaftlichen und kulturellen Beziehungen, durch die auch japanische Kunstwerke ihren Weg nach Europa fanden. So hat beispielsweise F. W. von Siebold — im Dienste der Ostindischen Compagnie tätig — eine bedeutende Sammlung japanischer Kunst zusammengetragen, nach seiner Rückkehr wurde sie der Grundstock für die berühmte Sammlung im Museum von Leyden. Heute gehören der ›Vereniging voor Japanese Kunst‹ Mitglieder aus vielen anderen europäischen Ländern, aus Amerika, ja sogar aus Japan an.

Wert und Preise

Aus der Sammelleidenschaft erklärt sich die ständige Preissteigerung dieser kleinen Kostbarkeiten. Albert Brockhaus gibt 1905 als Richtpreis für ein gutes Stück den Gegenwert seines Gewichtes in Gold an. Für die selbst damals enorme Wertsteigerung innerhalb kurzer Zeit gibt er folgende Beispiele. Für einen 1889 für 5 Francs in Paris gekauften Frosch des Schnitzers Masanao wurden ihm nach etwa 15 Jahren bereits 500 Francs geboten. Ein Vergleich zwischen Preisminimum und -maximum bei der Versteigerung Goncourt 1897 (19 bis 1000 Francs) und der Auktion Bing 1906 (60 bis 5200 Francs) macht diese Entwicklung noch anschaulicher.

Richard Wolf nennt in seinem Buch »Die Welt der Netsuke« als Regelpreis für gute Stücke vor dem Ersten Weltkrieg 50 Goldmark. Durch das nachlassende Interesse an diesem Sammelgebiet gingen die Preise zwischen Erstem und Zweitem Weltkrieg allerdings wieder zurück. Erst in den sechziger Jahren begann ein neuer Aufschwung. Wolf nennt für das Jahr 1970 DM 200,— bis DM 400,— als Durchschnittspreis und gibt DM 4000,— bis DM 5000,— als Höchstpreise an. Dr. Walter Hemsing gibt in einem Artikel »Handschmeichler und Glücksbringer« in Westermanns Magazin (Juni 1972) DM 6800,— für »Zwei sich balgende Hunde« als exorbitanten Auktionspreis an. Dieser Preis ist zwischenzeitlich z. B. durch den Zuschlag von DM 12 000,— für eine besonders interessante Darstellung auf unserer Juni-Auktion überholt.

Einen besonders geeigneten Vergleich für die Preisentwicklung bietet die innerhalb kurzer Zeit erfolgte zweimalige Versteigerung ein und desselben Netsuke. Ein aus Elfenbein geschnitztes Fischermädchen mit einem Tintenfisch aus der Hindson-Kollektion erbrachte Ende der sechziger Jahre £ 540, bei der erneuten Versteigerung im November 1974 war der Zuschlag £ 7500.

Abgesehen von diesen Höchstpreisen für museale Stücke, gibt es heute immer noch gute Arbeiten zu Preisen zwischen DM 500,— und DM 1000,—. Weitere Preisvergleiche können Sie selbst an Hand der Ergebnisse für hier abgebildete Stücke (siehe Seite 172) anstellen.

Holz-Netsuke mit der reizvollen Darstellung eines Bokudo, auf dem Ochsen Flöte spielend, sign. Tomotada, veranschaulicht am besten die oft unterschiedliche Bewertung. Der Erlös von DM 950,— (Taxe 600,—) für das Netsuke auf der 251. Nagel-Auktion im Juni 1974 und der Zuschlag von DM 2000,— (Schätzpreis DM 1400,—) auf der 255. Auktion im März 1975 sind ein Beispiel für die Wertsteigerung bei diesen Kleinkunst-

Stücken. Ein zweites, entsprechendes Netsuke vom selben Schnitzer wurde auf der Lempertz-Auktion Nr. 546 im Juni 1975 für DM 680,— angeboten und für DM 800,— versteigert.

Fachliteratur

Das bereits mehrfach zitierte Soken Kisho von 1781 mit seinem Kapitel über Netsuke ist das älteste Werk über dieses Gebiet. In Europa dürfte das Kapitel über Netsuke in der 1883 erschienenen Japanischen Kunstgeschichte »L'art japonais« von Louis Gonse die älteste Veröffentlichung sein.

Das erste umfassende, gleichzeitig deutschsprachige Werk »Netsuke« von Albert Brockhaus erschien erstmals 1905. Das erste japanische Buch veröffentlichte 1942 Reikichi Ueda. Eine englische Übersetzung unter dem Titel »The Netsuke Handbook« gab Raymond Bushell 1961 heraus. Zu den wichtigsten Neuerscheinungen gehören: »Collectors' Netsuke« von Raymond Bushell (1971), »Masterpieces of Netsuke-Art« von Bernard Hurtig (1973) und »Netsuke« von Neil Davey (1974).

Darstellungen und Motive

Der besondere Reiz dieser kunstvollen Miniaturschnitzereien liegt vor allem in der Vielfalt ihrer Motive und Darstellungen. Dies dürfte auch ein Grund für die Beliebtheit der Netsuke als Sammelobjekt sein. Die Künstler ließen ihrer Fantasie bei der Themenwahl freien Lauf und fügten der Vielzahl von Motiven immer wieder neue Variationen und Ideen hinzu.

In der Frühzeit — in der auch die japanischen Großplastiken noch von der chinesischen Kunst beeinflußt waren — sind es vor allem religiöse Motive, wie Buddha-Jünger, Heiligenfiguren und mythologische Tiere, die gestaltet wurden. Später, in der Blütezeit, kamen Darstellungen des täglichen Lebens, Ausländer, Figuren aus Fabeln, Sagen und der Geschichte, Masken, Tiere, Gebrauchsgegenstände und Vegetabilien hinzu.

Im 19. Jahrhundert wurden die Darstellungen reicher, statt einzelner Figuren zeigte man ganze Szenen, z. B. aus dem Berufsleben oder aus Märchen.

In Japan gab es keine einheitliche Religion. Die ursprüngliche Landesreligion ist der Shintoismus. Der Buddhismus wurde im 6. Jahrhundert aus China übernommen. Er entwickelte sich zur wichtigsten Religion. Zwischen 1868 und 1878 versuchte man den Shintoismus zur Staatsreligion zu erheben, was fehlschlug, so daß er in neuerer Zeit nur noch als Ahnenkult existiert. Als dritte religiöse Strömung ist der Taoismus zu erwähnen, der seit dem 3. Jahrhundert n. Chr. in Japan Bedeutung erlangt hat. Diese drei Religionsrichtungen grenzten sich niemals scharf gegeneinander ab, sondern beeinflußten sich gegenseitig, so daß auch bildliche Darstellungen der Götter und Heiligen allen drei Religionen entstammen. Für den Europäer zunächst befremdend ist die Familiarität und der Humor, mit denen der japanische Künstler diese Figuren behandelt. Doch schon nach kurzer Beschäftigung mit der Materie erkennt er darin den besonderen Reiz dieser künstlerischen Darstellungen.

Die sieben Glücksgötter
(Shichi-Fukujin)

Die sieben Glücksgötter gehören zu den populärsten Gestalten der japanischen Mythologie. Sie entstammen den drei religiösen Richtungen und wurden zu den am unmittelbarsten verehrten Gestalten des Volksglaubens. Ähnlich wie von den bei uns verehrten Heiligen erhoffte man sich von ihnen helfendes Eingreifen in den verschiedensten Lebenslagen; sie fehlten daher in keinem japanischen Haus. Da man sie auch sonst stets bei sich zu tragen wünschte, gehören sie zu den beliebtesten Netsuke-Darstellungen. Wobei diese Kleinplastiken uns die Glücks›götter‹ keineswegs als tief religiös empfundene und dem Irdischen entrückte Wesen zeigen. Sie sind im Gegenteil meist heiter, humorvoll, bisweilen gar respektlos und in allzu menschlichen Situationen dargestellt. Nicht selten enthalten Glücksgötter-Netsuke erotische Anspielungen.

Als Gruppe sind die sieben Glücksgötter vor allem in Okimono-Form zu finden und oft auch in dem mit Schätzen beladenen Schiff Takarabune dargestellt, in dem sie nach dem Volksglauben an Neujahr zur Erde segeln.

Die Glücksgötter im Takarabune. Zu erkennen sind: Ebisu, Jurojin, Hotei und rechts mit der Lanze Bishamon. In den Bugwellen ist die Minogame (Schildkröte) zu sehen. Elfenbein mit partieller Lackbemalung. Beispiel für eine Gruppendarstellung.

Hotei

Der wohl beliebteste und bekannteste der Sieben ist Hotei. Er geht auf eine geschichtliche Gestalt, einen chinesischen Priester, der im 10. Jahrhundert lebte, zurück. An seinem geschorenen Kahlkopf (der ihn als buddhistischen Priester ausweist) mit den langen Ohren (ein Zeichen der Weisheit und Göttlichkeit), vor allem aber an seinem dicken, unbedeckten Bauch ist er leicht zu erkennen. Daher wird er bei uns oft ›Dickbauch-Buddha‹ genannt. Sein chinesischer Name ist Putai. Immer lacht er, denn er ist der Gott des Wohllebens. Außerdem ist er ein großer Kinderfreund. Zu seinen Attributen gehören deshalb neben einem Fächer und dem Sack, in welchem er allerlei Schätze (Takaramono) birgt, oft die ihn umgebenden Kinder.

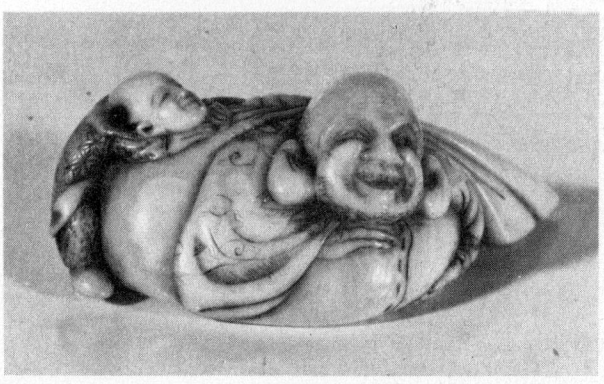

Oben: Hotei, in der Rechten das Tama haltend. Dieser Glücksgott ist in Europa wegen seiner charakteristischen Leibesfülle als ›Dickbauch-Buddha‹ populär geworden. Elfenbein.

Unten: Der in seinem Sack sitzende Hotei, seitlich dahinter ein Karako. Elfenbein, die Haarbüschel beim Knaben in Horn eingelegt.

Hockender Hotei, der sich eine Okame-Maske vorhält. Auch hier wieder neben ihm ein Karako. Kinder sind häufige Attributs-Figuren dieses Glücksgotts. Elfenbein mit graviertem Muster.

Hotei beim Spiel mit zwei Karako. Das Holz-Netsuke ist ein gutes Beispiel für die vermenschlichte Darstellung der Glücksgötter. Ein spielerischer Ringkampf, wobei sich die Gottheit bezwingen läßt, wäre in der christlichen Ikonographie wohl unvorstellbar.

Hotei, dem ein auf der Schulter hockender Karako den kahlen Schädel rasiert. Eine weitere Darstellung der kinderfreundlichen Gottheit. Elfenbein.

Daikoku

Als Glücksgott des Reichtums wird Daikoku verehrt. Wie Hotei ist er wohlbeleibt, auch hat er oft wie dieser den mit Takaramono gefüllten Sack. Anders als jener trägt er jedoch ein seinen Körper verhüllendes weites Gewand und eine breite, flache Mütze, die den Kopf bedeckt. Sein Begleiter ist die Ratte (dieses bei uns unbeliebte Tier gilt in asiatischen Kulturen als Symbol des Reichtums). Der Tag der Ratte wird in Japan als Daikoku-Fest begangen.

Weitere Attribute sind ein Hammer oder Schlegel und Reisballen.

Daikoku, in der rechten Hand sein Attribut, die Ratte. Auffällig sind die übergroßen Ohrlappen, die als sichtbares Zeichen der Weisheit angesehen werden. Elfenbein, sign. Tomotane.

Ebisu

Auch er symbolisiert Reichtum und Wohlstand, und er wird wohl deshalb häufig mit Daikoku zusammen gezeigt. Ebisu ist außerdem der Schutzpatron der Fischer und Kaufleute, fast immer wird er mit einem Fisch — meist mit einer Seebrasse (Tai) — oder mit einer Angel und einem Fischkorb dargestellt. Er trägt Hofkleidung mit der Schiffchen-Mütze (Eboshi).

Ebisu beim Reisstampfen, Daikoku mit einem geschulterten Sack. Elfenbein.

Ebisu mit dem auf die Schulter gebundenen Fisch. Um die charakteristische Mütze zu betonen, wurde diese aus dunklerem Holz dem helleren Holz-Netsuke zugefügt.

◁ Daikoku, auf einer Ratte über eine Brücke reitend, in den Wellen auf dem Fisch reitender Ebisu. Travestie der Episode aus der chinesischen Heldengeschichte, wo Choryo dem über die Brücke reitenden Kosekiko den verlorenen Schuh reicht (vgl. Brockhaus, S. 384). Diese Gruppe zeigt, wie Ebisu Daikoku seinen Hammer zurückgibt. Elfenbein, sign. Ryoji.

Fukurokuju

Der Gott des langen Lebens fällt sofort durch seine überhohe Stirn auf. Gerade dieses Merkmal macht ihn zum dankbaren Objekt der Netsuke-Schnitzer, die bei seiner Darstellung gerne ihrem Witz und ihrer Fantasie freien Lauf ließen.

Fukurokuju, der Glücksgott, in gefaltetem, gemustertem Gewand stehend, mit den typischen großlappigen Ohren. Auf seinem kennzeichnenden überhohen Schädel klettert ein Junge. Sein hoher Schädel reizte immer wieder zu humorigen Parodien. Elfenbein.

Fukurokuju mit Fächer. Die naturgegebene Form eines Hirschstangenteils (Hirschhorn) inspirierte bei diesem Netsuke den Künstler zu einer ins Extrem gesteigerten Darstellung seines charakteristischen Kopfes.

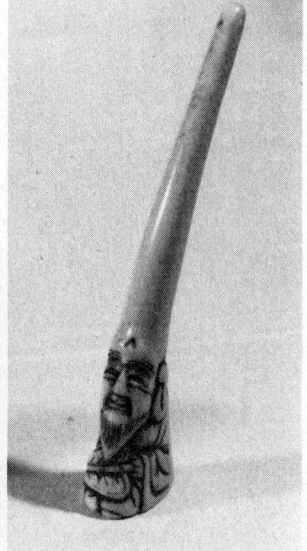

So sind beispielsweise Gruppendarstellungen bekannt, bei denen Kinder den hohen Kahlkopf erklettern und diesen paradoxerweise rasieren. Der immer lächelnde freundliche Alte mit dem schönen langen Bart und dem hohen kahlen Schädel stammt aus China. Als Shou-Lao ist er in der chinesischen Mythologie eine populäre Figur und verkörpert langes Leben. Angeblich ist er der vergöttlichte Laotse. Auch chinesische Künstler haben ihn oft in Elfenbein dargestellt. Wie der chinesische ›Longlife‹ wird Fukurokuju von Tieren, die langes Leben symbolisieren, begleitet: von der Schildkröte, vom Hirsch und vom Kranich (oder Storch). Weitere Attribute sind Stab und Schriftrolle.

Jurojin

Auch er verkörpert langes Leben und Weisheit. In Funktion und Erscheinung ähnelt er dem Fukurokuju so sehr, daß es oft zu Verwechslungen der beiden kommt. Als Unterscheidungsmerkmal können manchmal die Kopfbedeckung und die Kleidung, welche ihn als chinesischen Gelehrten zeigt, dienen. Im Gegensatz zum Fukurokuju ist er seinem weisen Alter entsprechend ernst und wurde auch so dargestellt.

Benzaiten oder kurz Benten

Als einzige weibliche Gottheit unter den Sieben steht sie für Weisheit, Klugheit und Reichtum. Auch als Göttin der Liebe wird sie verehrt. Sie geht auf die indische Sarasvati zurück; auch die Darstellung mit acht Händen dürfte hier ihren Ursprung haben. In Japan wurden ihr zu Ehren verschiedene Schreine gebaut. Ihr Begleiter ist ein Drache oder die weiße Schlange (Hakuja). Fast immer spielt sie ein Saiteninstrument (Biwa), eine Art Laute.

Jurojin mit Schriftrolle. Teakholz-Netsuke, bei dem die Maserung wirkungsvoll ausgenützt wurde.

Jurojin. Er hält sein Symboltier, den Hirsch, in den Armen. Als ernsthafter chinesischer Gelehrter unterscheidet er sich gegenüber Fukurokuju. Elfenbein.

Bishamon

Der Vollständigkeit halber sei hier auch der siebte und letzte der Glücksgötter erwähnt, obwohl er als Netsuke so gut wie nie vorkommt. Selbstverständlich ist er in Gruppendarstellungen der Sieben zu finden. Er trägt eine goldene Rüstung und hält in der einen Hand eine Hellebarde, in der anderen eine Pagode. Trotz seiner martialischen Erscheinung ist auch er weniger ein Gott des Krieges als des Reichtums.

Daruma

Zu den beliebtesten Netsuke-Darstellungen gehört Daruma (Bodhi Dharma). Der geschichtliche Bodhi Dharma war der Sohn eines Hindu-Königs, der als erster buddhistischer Patriarch nach China kam. Um 520 hockte er neun Jahre meditierend vor einer Wand. Während dieser Zeit war er ähnlich dem heiligen Antonius zahlreichen Versuchungen ausgesetzt. Auf Schilfblättern segelte er später nach Japan, wo er zum Begründer der Zen-Sekte wurde. Manchmal auf einer Woge, immer aber auf einem Schilfblatt stehend, wird er auf dieser Überfahrt gezeigt. Zur Legende seiner langen Meditation gehört, daß er sich, nachdem ihm einmal die übermüdeten Augen zugefallen waren, zur Strafe die Augenlider abgeschnitten hat. Zu den gesuchten Netsuke gehört der ganz in sein Gewand gehüllte hockende Daruma, da sich dies in einer kompakten, abgerundeten, gut in der Hand liegenden Form gestalten ließ. Durch die Legende, daß ihm vom langen Sitzen die Füße abgestorben waren, wird er oft so sehr abstrahiert, daß nur noch das Gesicht des kugelig geformten Daruma aus dem Gewand schaut. Diese Form ist bei japanischen Kindern als Puppe oder ›Stehaufmännchen‹ sehr beliebt und dient im Winter als Modell für Schneemänner (Yuki-Daruma). Respektlose Künstler gaben ihren Zweifeln an der übermenschlichen Ausdauer dieser langen Meditation durch humorvolle, spöttische Darstellungen Ausdruck. Sie zeigten ihn ungeniert gähnend, sich räkelnd, streckend, die Arme reckend und als ungepflegten, unrasierten Burschen, manchmal sogar in einem pornographischen Buch lesend. In Anlehnung an sein Schweigegelübde entstanden Darstellungen von weiblichen Darumas, womit die Schwatzhaftigkeit der Frauen verspottet wurde. Diese vielfältigen, oft volkstümlichen Darstellungen sind Beweise seiner großen Popularität. Seine Porzellanabbilder erfreuen sich in China großer Beliebtheit.

Daruma, hier sehr sachlich stehend, die Hände unter den Mantelfalten versteckt und grimmig ernst dreinblickend. Elfenbein.

Daruma. Durch das lange Sitzen bei der Meditation sollen dem Heiligen die Füße abgefallen sein, so daß die abstrahierte Darstellung nur noch den kugeligen, in sein Gewand gehüllten Körper und das daraus hervorschauende Gesicht zeigt. Das abgebildete Manju verdeutlicht dies durch Verwendung von Ebenholz und Elfenbein.

Meditierender Daruma, in seinen Umhang gehüllt. Infolge seiner langen Meditation zeigt sein Gesicht einen Stoppelbart. Holz, sign. Kozan.

Daruma, vom langen Meditieren ermüdet, gähnt ungeniert. Holz.

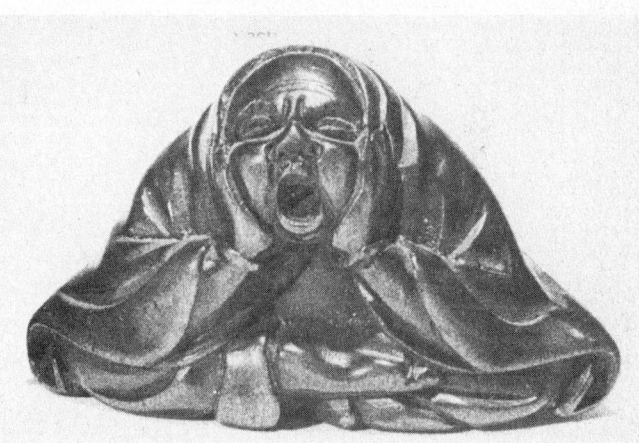

Okame (Uzume, Ofuku) not

Ähnlich beliebt wie Daruma ist die shintoistische, d. h. rein japanische Okame, auch Uzume genannt. Sie ist die Personifizierung der Sinnlichkeit, und als solche wird sie als lebenslustige, beleibte Göttin gezeigt. Den Oberkörper entblößt, oft auch bis auf einen Lendenschurz nackt, wurde sie von Anfang an mit dem Phallusdienst in Verbindung gebracht. Dafür sprechen auch zahlreiche Gürtelknöpfe, welche sie mit einer Tengu-Maske, deren überlange Nase — als Phallussymbol zu verstehen — sie eindeutig berührt, darstellen. Ihre Figur und somit auch die Okame-Maske sind Teil des No-Dramas. Aus der Vielfalt von Masken-Netsuke sticht ihr pausbäckiges, lächelndes Gesicht mit den zwei als schwarze Punkte angedeuteten Augenbrauen besonders hervor.

Ihr respektloser Beiname ist Otafuku (wörtlich ›große Brüste‹); er findet auch bildlichen Ausdruck in Schnitzereien. Als Ofuku ist sie die populäre Göttin des Neujahrfestes. Dabei werden durch das Werfen einer Handvoll Bohnen, verbunden mit dem Spruch »Unglück heraus, Glück herein!« Dämonen vertrieben. Siehe Abb. Seiten 31, 156 und 162.

Die Sennin

Bereits zur Zeit Shuzans waren diese Unsterblichen häufig verwendete Sujets. Durch asketisches Einsiedlerleben erreichen diese Heiligen einen besonders hohen Rang in der religiösen Hierarchie der taoistischen und buddhistischen Götterwelt. Es werden ihnen meist Zauberkräfte zugeschrieben. Die archaische Form stellt ihre durch Askese ausgezehrten Körper nur mit aus Blättern gefertigten Bekleidungen dar. Später deutete man dies nur noch in gravierten Blattmustern an, wobei man ihren fremdländischen Ursprung (meist sind sie indischer oder chinesischer Abstammung) durch die schlichten chinesischen Gewänder verdeutlichte.

Sennin in blattbesetztem Einsiedlergewand mit einem kleinen Jungen auf den Schultern. Die verhältnismäßig hohe, längliche Ausführung (9,7 cm hoch), die kurzen, hufartigen Füße und das plastische Relief beim Blattdekor sind neben dem Zeitcharakter Merkmale für Stücke aus dem späten 18. Jahrhundert. Elfenbein.

Sennin mit Wanderstab. Die archaische, fast primitive Darstellungsform und die starken Gebrauchsspuren datieren dieses Stück ins frühe 18. Jahrhundert.

Gama

Sein Symbol ist die manchmal nur dreibeinige Kröte. Im Gegensatz zu den anderen Sennin hat er meist einen tonsurartig kahlen Schädel. Er wird vorwiegend als lustig lächelnde Figur gezeigt. Sein Name heißt wörtlich ›Kröte‹. Nach seiner Legende hat er eine kranke Kröte gesund gepflegt. Dahinter verbarg sich jedoch ein guter Geist, der ihm zu Wunderkräften verhalf.

Die Elfenbein- und Horn-Netsuke mit der Darstellung von Sennin Gama veranschaulichen die Unterschiede zwischen der mehr realistischen und der stilisierenden Darstellung.

Front- und Rückenansicht eines Sennin Gama, auf einem Bein stehend. Durch die ausgewogene Komposition hält sich die Figur beim Aufstellen im Gleichgewicht. Elfenbein.

Hockender Gama. Die Kröte neben ihm wird durch das ungleiche Größenverhältnis besonders betont. Elfenbein.

Ikkaku

Dieser Sennin ist indischen Ursprungs. Er soll der Sohn des
Einsiedlers Vivandaka und einer Fee in Gestalt einer Hirschkuh sein. Davon rührt die ihn charakterisierende hornartige
Beule auf der hohen Stirn her, und deshalb wird er auch
› Einhorn ‹ genannt. Durch einen Sturz auf regennassem Boden verärgert, zauberte er den Regendrachen in eine Höhle,
wodurch eine Dürre über das Land hereinbrach. Die Astro-
logen des Königs von Benares rieten ihrem Herrn, die Kraft

Sennin Ikkaku, die Verführerin
Sendaramo auf seinem Rücken tra-
gend. Selbst das minutiöse Kennzeichen dieses Heiligen, das beu-
lenartige Einhorn auf der Stirn, ist
deutlich zu sehen. Holz.

des Einsiedlers mit der Versuchung durch eine Frau zu brechen. Der Sennin erlag tatsächlich der Schönheit einer zu ihm gesandten Frau und folgte ihr nach Benares. Der durch den langen Weg Ermüdeten half er, indem er sie schließlich auf dem Rücken weitertrug. So finden wir ihn auch hauptsächlich dargestellt. Durch den Verlust seiner Keuschheit der Zauberkraft beraubt, werden der Drachen und das Land aus ihrer Not befreit. Ikkaku aber wird vom König zum Tode verurteilt.

Tekkai

Er ist einer der beliebtesten taoistischen Sennin (Rishi) und zählt in China zu den ›Acht Unsterblichen‹. Er besaß die Fähigkeit, mit seiner Seele die körperliche Hülle zu verlassen. Als eines Tages die Seele ihren Lehrer Laotse auf den Höhen der Unsterblichen besuchte, gab er einem seiner Schüler seinen Körper in Obhut. Als nach sechs Tagen die Mutter des Schülers erkrankte, eilte er zu ihr — die Kindespflicht über die Schülerpflicht setzend. Als Tekkai am nächsten Tag zurückkehrte und den Körper nicht vorfand, schlüpfte er in die Gestalt eines toten Bettlers. Entsprechend dieser Legende wird er als auf eine Krücke gestützter Bettler dargestellt.

Chokwaro (Tsugen)

Ebenfalls einer der chinesischen ›Acht Unsterblichen‹ des Taoismus. Er war ein herumziehender berühmter Zauberer. Als Begleiter hatte er ein weißes Pferd oder Maultier, das ihn an jeden gewünschten Ort trug. Er konnte sein Reittier in eine Flasche hineinzaubern und bei Bedarf wieder hervorholen. Seine Attribute sind daher die Kürbisflasche oder das gefügige Pferd.

Sennin Chokwaro, zwei Elfenbein-Darstellungen dieses Unsterblichen, nach seiner Legende war er imstande, sein Pferd nach Bedarf aus einer Kürbisflasche und wieder darein zurück zu zaubern. Vergl. auch Abb. auf S. 21.

Kinko (Kinkao)

Dieser nordchinesische Weise stürzte sich nach langen Jahren der Unterweisung von Schülern in einen Fluß, wobei er seine Wiederkehr für einen bestimmten Tag versprach. Zur vorausgesagten Zeit erschien er — auf einem Karpfen reitend — tatsächlich wieder an der Stelle, wo ihn eine inzwischen auf 10 000 angewachsene Anhängerschar erwartete. Nachdem er nochmals einen Monat gelehrt hatte, verschwand er abermals auf Nimmerwiedersehen im Wasser. Auf dem Karpfen reitend zeigen ihn auch die Netsukeshi.

Chinnan

Die Gebete unter der Dürre leidender Bauern erhörend, zwang er den Regendrachen, es wieder regnen zu lassen. Als Netsuke kennen wir ihn, wie er den Regendrachen aus einer Schale zwingt.

Seiobo (chines. Si-Wang Mu)

Aus der Vielzahl von Sennin soll abschließend noch die einzige weibliche Figur erwähnt werden. Es ist dies die chinesische Feenkönigin Si-Wang Mu. Sie hatte ihren Palast auf dem Kwenlün-Gebirge in Innerasien, wo sie im Kreise ihrer Gespielinnen taoistische Sennin und bevorzugte Sterbliche, wie beispielsweise den Han-Kaiser Wu Ti, empfing. Ihr Attribut sind die Pfirsiche der Unsterblichkeit. So zeigen sie auch Netsuke.

Weitere mythologische Figuren

Rakan (Arhat)

Die 16 Rakan — in Sanskrit Arhat, in chinesisch Lohan — sind die Buddhajünger. Sie sind daran zu erkennen, daß ihr einfaches Gewand so getragen wird, daß die rechte Schulter frei bleibt. Wie Daruma tragen sie meist Ohrringe. Sie haben selten individuelle Merkmale oder Attribute und sind daher schwer zu unterscheiden. Als Netsuke kommen sie relativ selten vor.

Rakan beim Armdrücken mit einem Oni. Dieses Kräftemessen war ein in Japan beliebtes Spiel, hier symbolisiert es den Kampf zwischen Gut und Böse. Elfenbein.

Kwannon (chines. Kuanyin)

Auch diese Heiligenfigur kommt als Netsuke selten vor.
Nach der Legende soll sie eine chinesische Königstochter
sein. Sie wird als Göttin der Barmherzigkeit verehrt. Ihr
Attribut ist ein Lotoszweig. Netsuke von Buddha (Amida)
selbst sind nicht bekannt.

Tennin (in Sanskrit Apsara)

Diese sind buddhistische Engel brahmanischen Ursprungs,
die meist mit einer Lotosblüte oder einem Saiteninstrument
und geflügelt in den Wolken schwebend dargestellt sind.

Tennin. Dieses Ryusa-Manju aus Elfenbein zeigt einen der buddhistischen Engel in eigenwilliger Wiedergabe. Häufig tragen diese himmlischen Wesen einen Lotoszweig als Symbol der Reinheit.

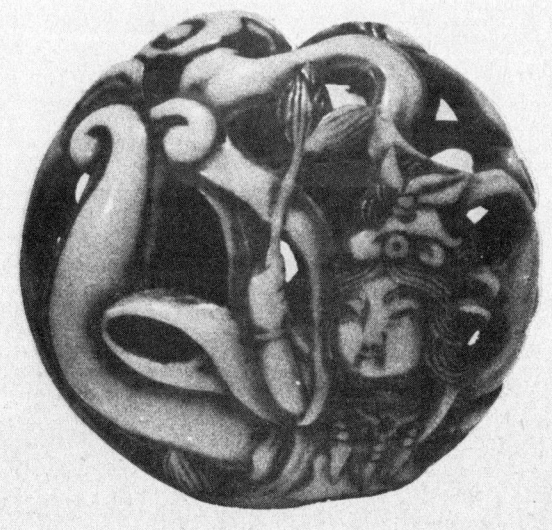

Ni-O (roter und grüner Dämon)

Die beiden Tempelwächter Kongo Rikishi und Misshaku Rikishi sind in den Buddhismus übernommene indische Götter. Sie finden in Großplastiken als Wächter vor den Tempeltoren Verwendung. Die Gläubigen bespucken sie mit gekauten Papierkügelchen. Haftet das Kügelchen, ist das Gebet erhört. Beide gelten als Symbol der Kraft und Stärke. Daher wird wohl ihre häufige Darstellung beim Ellbogendrückspiel (Udeoshi) rühren. Da ihnen bevorzugt Strohsandalen geopfert werden, zeigen Netsuke sie gerne auf einer riesigen Sandale stehend.

Emma-O (Sanskrit Yama)

Er ist der König der buddhistischen Hölle, Richter der Toten, der über ihren Verbleib in der Hölle entscheidet. Er wird gewöhnlich in chinesischer Kleidung, auf einem Throne sitzend dargestellt. Er trägt eine kronenartige Kopfbedeckung mit dem Schriftzeichen ›König‹.

Oni

Zu den gerne aufgegriffenen Themen der Netsuke-Kunst gehören die Oni. Es sind kleine Teufelchen, an ihren beiden kurzen Hörnern, dem kantigen Gesicht mit Raubtierzähnen, den drei Tierklauen an Händen und Füßen sowie dem Lendenschurz aus Tigerfell erkennbar. Sie verkörpern nicht das wirklich Böse, vielmehr sind es humorvolle, spottlustige Bösewichter. Sie werden gerne für die zahlreichen Unge-

Die beiden Nio, beim Ellbogenstütz-Spiel ihre Kräfte messend. Elfenbein, in sehr feiner, bewegter Ausführung. Sign.

Der Höllenkönig Emma-O teilt mit einem Rakan und einem Skelett einen Reiskuchen. Okimono, Elfenbein, sign. Chikuyosai Tomochika.

schicke des täglichen Lebens verantwortlich gemacht. In der Neujahrs-Nacht werden sie durch das Bewerfen mit Bohnen und dem Ruf »Oni wa soto! Fuku wa uchi!« (Oni hinaus, Glück komm herein!) aus den Häusern verjagt. Reizvoll ist diese als Netsuke festgehaltene Szene. Als Figuren des No-Dramas sind Masken von ihnen bekannt, welche von den Schnitzern auch zu Netsuke verkleinert wurden. Werden ihnen ihre Hörner gezogen und bereuen sie ihre Schandtaten, so verlieren sie ihre Bosheit. Eine Netsuke-Darstellung zeigt, daß der Drang zum Guten so stark ist, daß sie sich sogar selbst von den Hörnern befreien.

Auch beim Versuch, sich vor dem Shoki zu verbergen oder ihn zu überlisten, sieht man sie künstlerisch gestaltet.

Gruppe von zwei Oni auf Rechtecksockel, die sich vor dem Bewerfen mit Bohnen zu schützen versuchen. Nach der Legende können sie in der Neujahrsnacht dadurch vertrieben werden. Holz, Augen und die auf den Rücken auftreffenden Bohnen in Elfenbein eingelegt.

Oni, der sich unter einem Strohhut vor den nach ihm geworfenen Bohnen schützt. Holz mit Elfenbein.

Shoki; mit dem gezückten Schwert ist er darauf aus, seine Kontrahenten, die Oni, zu jagen. Elfenbein.

Gruppe von drei Oni, die sich in panischer Angst vor dem Bewerfen mit Bohnen zu schützen versuchen. Elfenbein.

Oni, Daruma nachahmend. Er sitzt in der typischen Haltung der Meditation mit untergeschlagenen Beinen neben einer Tempelglocke (Mokugyo). Vom langen Sitzen ermüdet, streckt er sich gähnend. Die dreiklauigen Gliedmaße verraten ihn als Oni. Holz.

Shoki

Er ist der Gegenspieler der Oni. Seine Legende kommt aus China. Danach war er ein kräftiger, großer Student, der nach dem Mißerfolg beim Staatsexamen den Freitod suchte. Für das königliche Begräbnis revanchierte sich sein Geist als künftiger Dämonenvertreiber und Beschützer des Königs. Im Gegensatz zu seinen chinesischen Erfolgen blieben seine nach Japan verlegten Aktivitäten meist erfolglos. Deshalb porträtieren ihn die Netsuke-Schnitzer, trotz seines martialischen Aussehens mit dem wilden gesträubten Bart und dem gezückten großen Schwert, meist in Situationen, wo er der List und dem Schabernack der Oni unterliegt. So wird

Während der Donnergott Raiden seine Trommel bemalt, schaut ihm Futen zu. Elfenbein.

er, während er eigentlich auszog, um die Oni (mit seinem Hut) zu fangen, von den Widersachern unter dem eigenen Hut festgehalten. Diese Geschichte wurde von den Netsukeshi aufgegriffen. Oder sie zeigen ihn, wie er enttäuscht in einen Ziehbrunnen schaut, während ein Oni — als Ojime — an der Sagemono-Kordel nach unten klettert.

Raiden und Futen (Donner- und Windgott)

Den Oni in der Erscheinung ähnlich sind Raiden und Futen. Raiden, die Gottheit für Blitz und Donner, besitzt eine große oder eine Anzahl kreisförmig angeordneter Trommeln, die vom Gebrauch meist beschädigt sind. Oft wird er von Futen, dem Windgott, begleitet, welcher den Wind in einem großen Beutel bei sich trägt.

Raiden beim Bearbeiten seiner Trommel. Um besser sehen zu können, blickt er durch einen Zwicker. Möglicherweise geht diese Arbeit auf ein älteres Netsuke dieses Sujets zurück (vergl. Brockhaus, Tafel 9). Dort ist die Trommel noch eindeutig zu erkennen. Elfenbein.

91

Mythologische Tiere

Das Verständnis dieses Gebiets setzt eine gründliche Kenntnis der japanischen Mythologie voraus. Im folgenden sollen nur die populärsten — für die Netsuke-Kunst wichtigen — mythologischen Tiere Erwähnung finden.

Shishi (›Koreanischer‹ Löwe)

Als Hüter der buddhistischen Tempel kam er von Indien über China nach Japan. Das hat ihm auch den Namen Karashishi (China-Löwe) eingetragen. In der chinesischen Kunst ist er als Fo-Hund ein oft verwendetes Motiv. Als Dekor wie auch als Figuren, z. B. Siegelbekränzungen, Porzellanstatuetten oder Großplastiken, begegnet man ihm. In Japan wird er im Großformat als Tempel-Löwe und in der Miniaturschnitzerei als Siegelgriff und Netsuke hergestellt. Obwohl er eigentlich ein richtiger Löwe ist, wird dieses in Japan nicht heimische Tier oft ungenau — mehr einem Hund gleichend — wiedergegeben. Charakteristisch ist allerdings seine lockige Mähne. Als Spielzeug ist ihm häufig ein Brokatball beigegeben.

Auf diese das heilige Juwel symbolisierende Kugel legt er spielerisch eine Pfote. Shishi-Netsuke haben in der Regel ein bewegliches Kügelchen im halbgeöffneten Maul.

Bei religiösen Festen werden zur Vertreibung der bösen Geister hölzerne Shishi-Köpfe in der Prozession mitgeführt. Beim Shishi-Mai, dem Löwentanz, werden entsprechende große Stülpmasken mit beweglichem Unterkiefer und Textilunterteil verwendet. Sie sind auch ein beliebtes Kinderspielzeug.

Shishi, chinesischer Tempellöwe auf Oval-sockel mit Signatur und Kakihan sowie einem Kordelloch. Elfenbein.

Shishi, mythologisches Fabeltier. Als Tempel-figur in Großplastiken vorkommend. Häufig wird er eine Kugel haltend gezeigt (Mitte und unten links) oder als Handhabe von Siegel-stempeln (unten rechts).

Baku

Ein ebenfalls löwenartiges Tier ist das Baku. Allerdings unterscheidet es sich durch den Elefantenrüssel und die Stoßzähne vom Shishi. Wer an bösen Träumen leidet, stellt ein Baku-Netsuke auf den Nachttisch. Auf den Ruf »Baku, hilf!« frißt es die bösen Träume.

Kirin (chines. Kylin)

Dieses chinesische mythologische Tier hat einen Hirschleib, aus dessen Schultern Flammen schlagen. Auf dem drachenähnlichen Kopf hat es ein zurückgebogenes Horn. Brockhaus erwähnt, daß der Kirin auch mit Krokodilleib, Hirschbeinen und lockigem Schweif dargestellt wird. Kein Wunder, daß dieses Tier daher die Fantasie begabter Schnitzer, wie z. B. Shuzan, zu oft abgewandelten Formen angeregt hat. Es gilt als edelstes Tier der Schöpfung und Sinnbild des Guten. Es wird daher auch als Begleiter von Konfuzius dargestellt.

Tatsu, Ryu (Drache)

Der Drache ist ein wohl allen Völkern gemeinsames mythologisches Tier, ein Symbol von Macht und Kraft. Seine Darstellung gleicht sich auf der ganzen Welt. Besondere Bedeutung kommt ihm in der ostasiatischen Kultur zu. Er wacht über die himmlischen Gefilde und ist für den Regen verantwortlich. Als Begleiter von Benten und Kwannon wird er gerne dargestellt.

Kirin, aus dem Chinesischen übernommenes Fabeltier. Das bemalte Holz-Netsuke ist eine vermenschlichte Abwandlung der traditionellen Darstellung und geht auf die berühmten Vorbilder des bekanntesten Netsuke-Schnitzers Shuzan zurück. Zu den bekanntesten Nachfolgern dieses berühmten Meisters gehört Nagamadu Shuzan, dessen Signatur auf dem nebenstehenden Kirin-Netsuke zu finden ist.

Hoo (chines. Feng-huang)

Dieser phönixartige Vogel — ein Zwischending zwischen Pfau und Fasan — stammt wie der Drache aus China, wird in der Netsuke-Kunst jedoch kaum dargestellt.

Junishi (die zwölf Tiere des Tierkreises)

Entsprechend unseren Tierkreiszeichen weist der Japaner jedem Monat ein Tier zu. Außerdem sind diese Tiere auch noch für je zwei Stunden des Tages zuständig.

In der Reihenfolge sind es die Tiere: Ratte (November), Ochse (Dezember), Tiger (Januar), Hase (Februar), Drache

Elfenbeingruppe mit den zwölf Tieren des Tierkreises (Junishi). Im Gegensatz zu der seltenen Gruppen-Darstellung kommen die Tiere einzeln relativ häufig vor.

(März), Schlange (April), Pferd (Mai), Ziege (Juni), Affe (Juli), Hahn (August), Hund (September), Eber (Oktober).

Es liegt nahe, daß mancher ein Netsuke mit seinem Tierkreiszeichen trägt. Daher findet man all diese Tiere als Gürtelknöpfe, teils auch alle in einer Gruppe. Außerdem sind sie auch unter westlichen Sammlern begehrte Sujets, vor allem Pferde-Netsuke mit ihrer gekonnten, einfachen Linienführung.

Liegendes Pferd. Dieses Tier repräsentiert den Monat Mai im Tierkreis-Zyklus. Elfenbein.

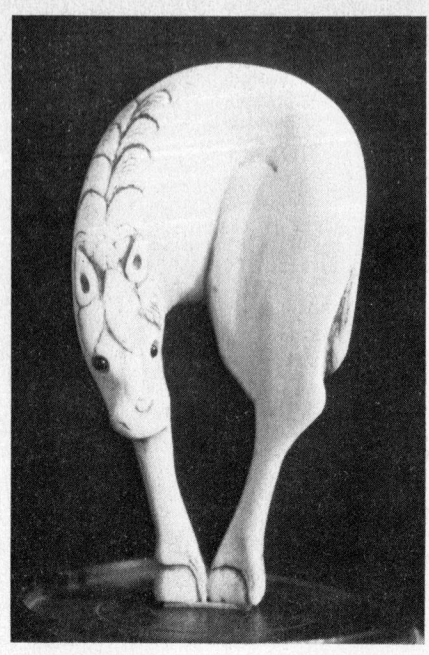

Stehendes Pferd. Frühes
Beispiel aus Elfenbein,
mit stilisierter, archai-
scher Formgebung.
Augen in dunklem Horn
eingelegt.

Grasendes Pferd auf
ovalem Siegelsockel.
Holz.

Pferd, jedoch naturalistischer gestaltet. Derartige Pferdedarstellungen gehören zu den beliebtesten Sujets.

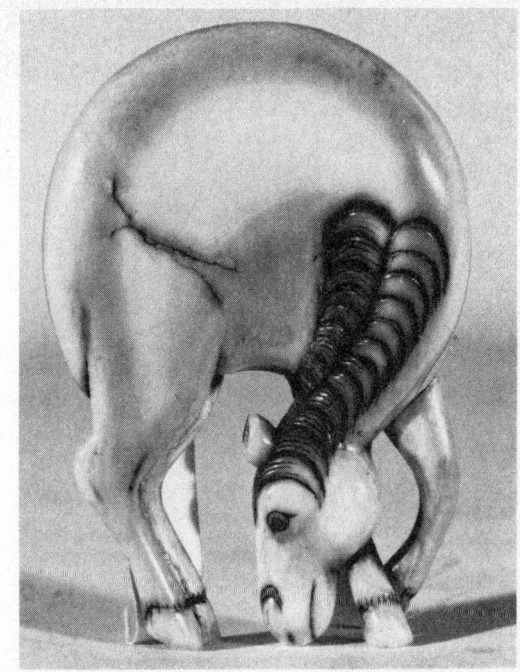

Liegender Ochse mit Leitseil. Er ist das Monatstier des Dezember. Tomotada wurde für derartige Ochsen-Darstellungen berühmt und oft kopiert. Elfenbein. (Siehe auch Abb. auf S. 56.)

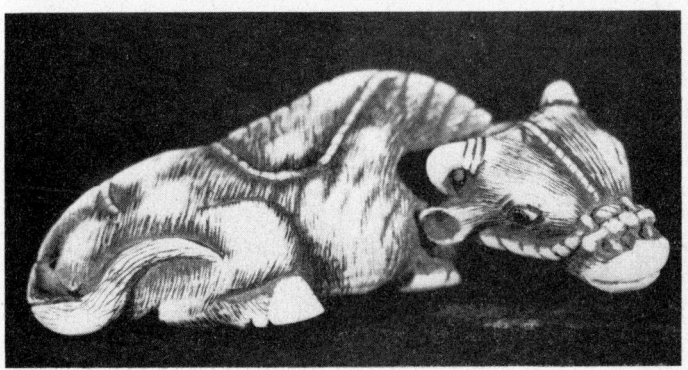

Der Ochse wird oft mit dem Begründer des Taoismus, dem chinesischen Philosophen Laotse (japanisch: Roshi), in Verbindung gebracht. Frühes Elfenbein-Netsuke.

Auf einem Ochsen hockender Junge. Die Form des liegenden Ochsen sowie der geduckt auf dessen Rücken hockende Junge ergeben ein handliches Gebrauchs-Netsuke. Demgegenüber sind die Bokudo-Darstellungen auf einem Ochsen (siehe auch Abb. auf S. 61) mehr auf optische Wirkung gearbeitet.

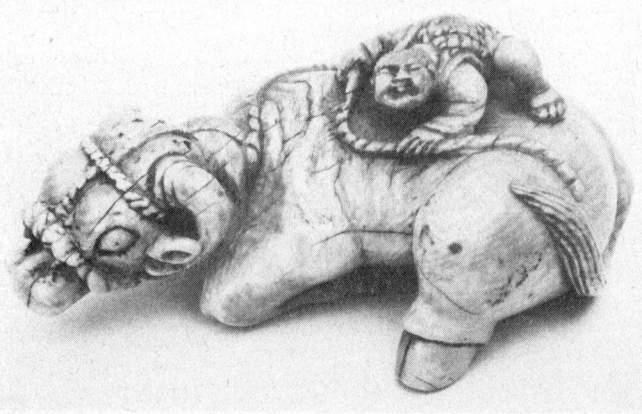

Ratte mit Umhang und Rechenbrett. Bekleidet und bei der Ausübung menschlicher Tätigkeiten werden viele Tiere personifiziert gezeigt. Elfenbein.

Kugelförmige Gruppe mit Ratten und einem Rettich (Daikon). Elfenbein, die Augen in dunklem Horn eingesetzt. Mit derartigen Gruppenkompositionen stellten Künstler ihr Können unter Beweis.

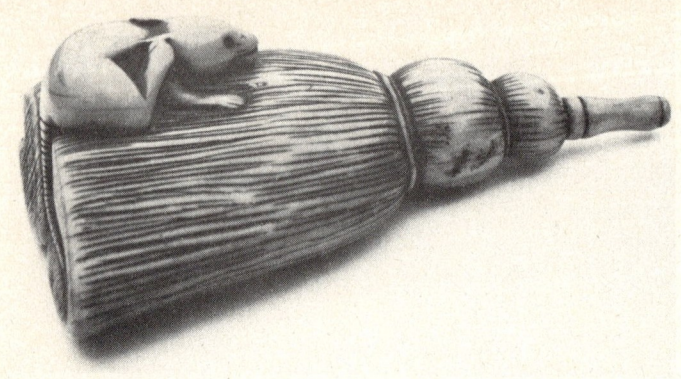

Besonders beliebt ist die Darstellung von Ratten in Verbindung mit Gegenständen aus ihrem Lebensraum, z. B. auf einem Besen (Elfenbein-Netsuke), mit einem auf den Boden gefallenen ausgedienten Lampion, der ihnen als Nest dient (Holz mit Elfenbein), oder auf Kastanien (Netsuke aus zwei natürlichen Kastanien mit aufgesetzten Elfenbein-Ratten).

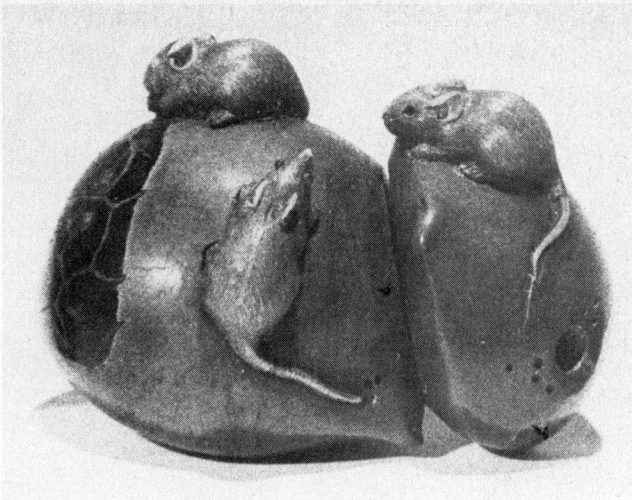

Affenfamilie, Elfenbein. Der Affe ist
das Tier des Monats Juli.

Affengruppe mit einem übergroßen Pfirsich. Diese Frucht gilt als Lieblingsspeise dieser Tiere, weshalb sie oft zusammen gezeigt werden. Elfenbein.

Knäuel von Welpen. Diese reizende Elfenbeingruppe erfaßt trotz ihrer Kleinheit die typischen spielerischen Bewegungen kleiner Hündchen.

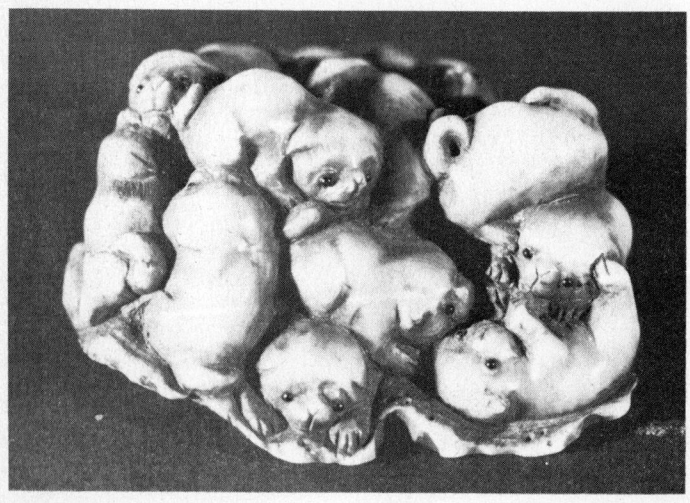

Affe, der durch ein Vergröße-
rungsglas eine kleine Affenfigur
betrachtet. Elfenbein.

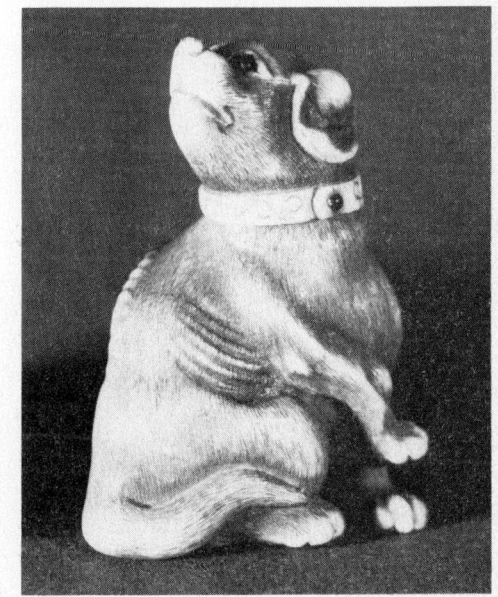

Sitzender Hund
mit ornamentier-
tem Halsband.
Knopf und
Augen aus Horn
in das Elfenbein-
Netsuke einge-
legt.

Affe, der einen riesigen Pilz geschultert hat. Typisches Beispiel eines Balance-Netsuke. Trotz des Mißverhältnisses zwischen kleiner Trägerfigur und großer Last hat der Schnitzer das Gewicht so ausbalanciert, daß das Netsuke leicht und ohne umzufallen steht. Elfenbein.

Wolf, in seinen Vorderfängen eine Schildkröte haltend. Holz, Augen in hellem Horn, sign.

Hündchen, über einer
Sandale hockend, an
deren Riemen es
knabbert. Der Hund
ist das Tier des
Septembers. Holz.

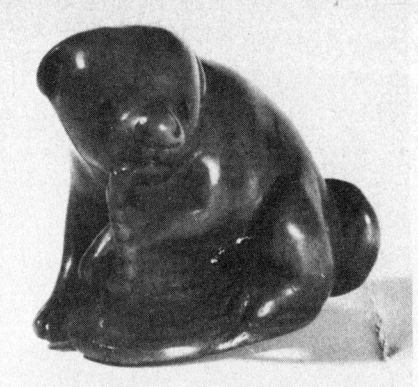

Eber, Tier des Monats Oktober. Elfenbein.

Andere Tiere

Viele andere Tiere haben Netsuke-Künstler als Glücksbringer gefertigt, wie z. B. die Fledermaus (Glückssymbol), Minogame, die langschwänzige Schildkröte (Symbol für langes Leben), Fukura Suzume, der Spatz (Symbol der Freundschaft).

Auch das äußere Erscheinungsbild oder ihr Auftreten in Gruppen haben die Netsukeshi zu Darstellungen inspiriert. Schließlich sind es — wie bei uns — Tierfabeln, zu denen Bildwerke geschaffen wurden. Dem Fuchs werden ähnliche Eigenschaften wie bei uns angedichtet. Wenn er sich z. B. in menschlicher Kleidung versteckt, so bringt er meist Unglück und Verwirrung mit sich.

Schwalbe mit angelegten Flügeln. Elfenbein, die Augen in Horn eingelegt.

Schnecke, über den Rand eines Holzkübels kriechend. Durch Oberflächenbehandlung des Holzes (Tönung) hat es der Netsukeshi sehr gut verstanden, eine größtmögliche natürliche Wirkung zu erzielen.

Tintenfisch mit menschlichen Zügen. Der besondere Reiz dieses Holz-Netsuke liegt darin, daß hier eine menschliche Schwäche, nämlich der Alkoholmißbrauch, aufs Korn genommen wird. Das Tier sitzt in einer Sake-Schale, und um seinen Kopf ist ein Tuch gebunden, wie es die Japaner verwenden, wenn sie einen ›Kater‹ haben.

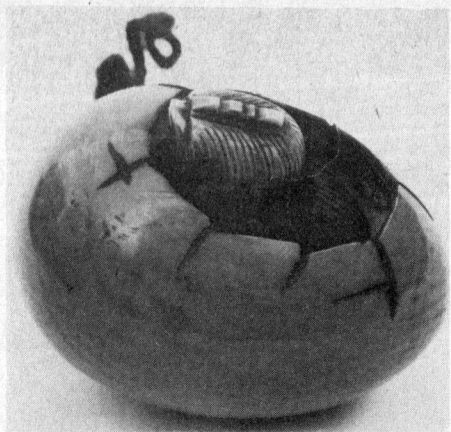

Aus dem Ei schlüpfendes Küken. Mittels der Kordel ist das in der aufgebrochenen Schale sitzende Küken beweglich festgehalten. Elfenbein, neuzeitlich.

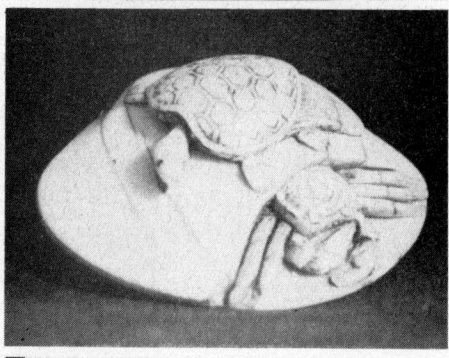

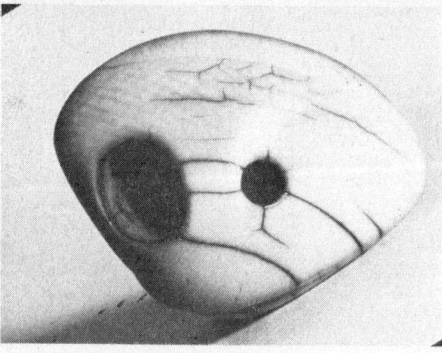

Muschel, darin sitzender Einsiedlerkrebs, darauf eine Schildkröte (Minogame). Elfenbein, Ober- und Unteransicht.

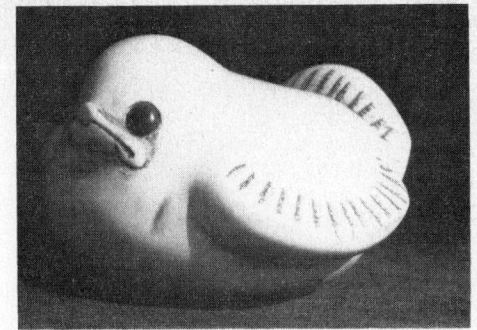

Fukura-Suzume (der Glücks-Spatz). Der Spatz ist in seiner meist stilisierten Darstellung ein beliebtes Glückssymbol. Elfenbein mit eingelegten Hornaugen und signiert.

Fukura-Suzume. Typische Form mit reicher stilisierter Federn-Gravur. Elfenbein. Kyoto-Schule.

Tanuki (Waschbärhund)

Diesem dem Dachs ähnelnden Tier werden wie dem Fuchs Boshaftigkeit und übernatürliche Kräfte zugeschrieben. Durch das Trommeln auf seinen aufgeblähten Leib lockt er Wanderer in den Sumpf. In Männergestalt verführt er Frauen. Manchmal gleicht er mehr dem Bären, ein andermal mehr dem Fuchs. Im Fuchshabitus besitzt er keinen Penis, aber ein riesenhaft vergrößertes Skrotum (Hodensack), in das er sich sogar einhüllen kann. Von seinen magischen Kräften handelt das Märchen vom verzauberten Teekessel (siehe Seite 122).

111

Fabelwesen

Neben den tatsächlichen Tieren kommen in den Fabeln und Märchen auch noch besondere Fabelgestalten vor.

Kappa

Das Kappa ist ein fantastisches Lebewesen mit schildkröten-artigem Leib, Froschbeinen, einem Affenkopf und einem breiten, flachen Vogelschnabel. Es lebt in der Nähe des Wassers und stellt gern jungen Mädchen nach, weswegen er als Kinderschreck gilt. Trotz seiner Gefährlichkeit ist es leicht zu bezwingen. Da ihm die japanische Höflichkeit eigen ist, erwidert es stets eine freundliche Begrüßungsver-beugung, wobei es seine Lebenskraft verliert. Diese beruht auf einer Flüssigkeit, welche sich offen in einer Schädelmul-de befindet.

Tanuki. Diesem dem Waschbär und Dachs ähnelnden Tier werden — wie bei uns dem Fuchs — zahlreiche Fabeln zugeschrieben. Angeblich trommelt er zum Beispiel auf seinen aufgeblähten Bauch und lockt damit Wanderer in Sümpfe und in die Einöde. Aus Elfenbein geschnitzt und signiert Hoichi.

Kappa. Diese Wasserkobolde tragen ihre Lebensflüssigkeit offen in einer Mulde auf dem Kopf. Dadurch sind sie sehr leicht verwundbar. Neigen sie den Kopf, so läuft das Lebenselixier aus, und sie müssen sterben. Die Froschjagd des dargestellten Kappa ist daher für ihn eine lebensgefährliche Sache. Der unter das Lotosblatt geschlüpfte Frosch versucht ihn zum Vorbeugen zu veranlassen. Elfenbein.

Tengu (Waldgeist)

Diese geflügelten Waldgeister kommen in zweierlei Arten vor. Außer dem vogelschnäbeligen Karasu-Tengu gibt es noch den Konoha-Tengu mit Menschenantlitz und riesiger Nase. Der Tengu mit Vogelschnabel wird oft als ›Tengu no Tamago‹ aus einer aufgebrochenen Eierschale schlüpfend dargestellt. Vom Konoha-Tengu sind vor allem Masken bekannt. Vergleiche auch Netsuke mit Uzume zusammen (siehe Seite 76).

Tengu. Waldkobolde, die sowohl mit menschlichen Gesichtszügen oder auch mit Vogelschnäbeln vorkommen. Diese Darstellung zeigt einen menschenähnlichen Tengu mit dem typischen Fächer aus Federn. Elfenbein mit Horneinlagen.

Shojo

Am Meer lebende Fabelwesen in Mädchengestalt, mit auffallend langen roten Haaren, aus denen man angeblich eine
kostbare Farbe gewinnen kann. Da sie häufig mit Alkohol in
Verbindung gebracht werden, zeigt sie die bildende Kunst
meist berauscht und schläfrig — neben leeren Sakeflaschen
— zusammengekauert. Daher die Redensart: »Betrunken
wie ein Shojo«.

Zwei betrunkene
Shojo in einer
großen Sake-
schale. Diese rot-
haarigen Fabel-
gestalten sind
wegen ihrer
ständigen Trun-
kenheit berüch-
tigt. Sie werden
meist in Verbin-
dung mit Sakege-
fäßen dargestellt.
Zu den gesuchten
Sujets gehören
die betrunkenen,
schlafenden
Shojos. Elfen-
bein, signiert
Hakununsai.

Miniatur-Maske eines Shojo. Als große Maske tritt diese Fabelgestalt auch in den No-Dramen auf. Holz.

Ningyo (Meerjungfrau)

Diese Fabelwesen — halb Fisch, halb Mädchen — werden ähnlich wie in der westlichen Kunst dargestellt, als Netsuke findet man sie ihr Junges säugend oder das Tama-Juwel haltend.

Ningyo. Ein weiteres Fabelwesen ist die auch bei uns bekannte Meerjungfrau. Elfenbein.

Ashinaga und Tenaga (Langbein und Langarm)

Auch diese beiden leben an der Küste. Sich gegenseitig ergänzend, kann Langbein durch das tiefe Wasser schreitend Tenaga auf dem Rücken tragen, wobei dieser mit seinen langen Armen Fische fängt. Diese skurrilen Gestalten reizten natürlich zu fantasievollen Darstellungen, die begehrte Sammelobjekte sind.

Ashinaga (Langbein). Diese Fabelgestalt ist wegen ihrer langen Beine bekannt. Da sie auch im tieferen Wasser noch stehen und fischen kann, wird sie häufig mit gefangener Beute — hier mit einem Tintenfisch — gezeigt. Elfenbein.

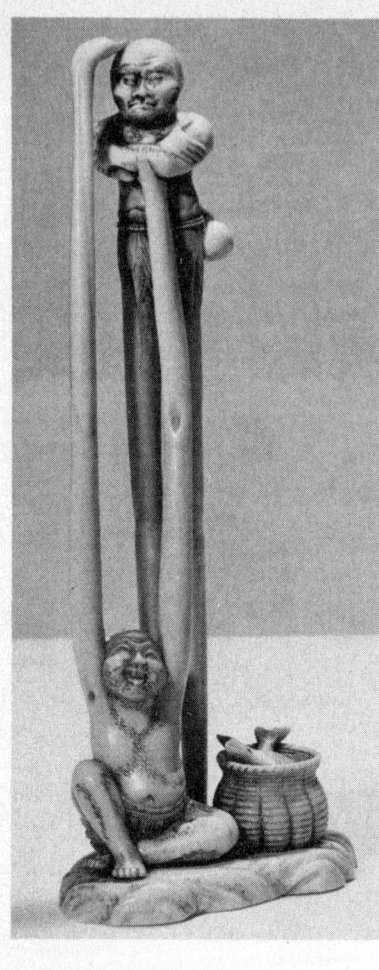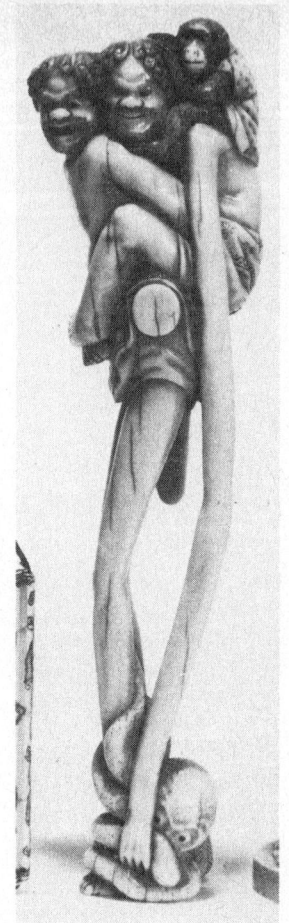

Ashinaga und Tenaga nach erfolgreichem Fischfang. Elfenbein, Okimono.

Ashinaga und Tenaga. Hier trägt Ashinaga außer seinem ständigen
Begleiter noch einen Affen huckepack. Tenaga versucht mit seinen
langen Armen die Beine seines Trägers von den Fangarmen eines
Kraken zu befreien. Elfenbein, signiert Tomochika.

Fukusuke (Zwerg)

Diese ›Glückskinder‹ genannten Wesen haben riesige kugelige Köpfe. Als Spielzeug erfreuen sie sich großer Beliebtheit.

Märchen

Zu den liebenswerten Schnitzereien der japanischen Kunst zählen Figuren und Szenen aus Märchen.

Shitakiri Suzume
(Der Spatz mit der abgeschnittenen Zunge)

Während seiner Abwesenheit schneidet die Frau dem zahmen Spatzen ihres Mannes die Zunge ab, da er in der Küche genascht hat. Nach seiner Rückkehr macht sich der Alte auf die Suche nach seinem entflogenen Sperling. Dabei begegnet er einem schönen Mädchen, in welchem er seinen Vogel wiedererkennt. Das Mädchen läßt ihn zwischen zwei verpackten Geschenken wählen. Der Alte entscheidet sich für das kleinere Kästchen. Zu Hause findet er darin Gold und Edelsteine. Nun macht sich auch seine habgierige Frau auf, und es widerfährt ihr dasselbe. Als sie daheim den von ihr ausgewählten größeren Kasten öffnet, fallen Geister über sie her und peinigen sie.

Momotaro.
Zu den beliebten Märchendarstellungen gehört auch die Geschichte des Pfirsich-Sohnes. Das Okimono-Netsuke zeigt ihn mit seinen Begleitern auf dem Weg zur Geisterinsel. Getönte Elfenbein-Gruppe.

Momotaro (Der Pfirsich-Sohn)

Zu den bekanntesten Märchen zählt die Geschichte vom Pfirsich-Sohn. Eine Frau findet beim Wäschewaschen einen im Wasser treibenden Pfirsich. Als sie ihn zu Hause mit ihrem Mann zerteilt, springt ein Kind daraus hervor. Das kinderlose Ehepaar zieht den Knaben mit viel Liebe auf. Groß und stark geworden, beschließt dieser, den Dämonen auf der Geisterinsel Onigashima ihre Schätze zu rauben. Auf dem Weg dorthin trifft er einen Hund, einen Affen und einen Fasan, die ihn dann weiter begleiten. Mit ihrer Hilfe gelingt es ihm, den Gespenstern ihre Schätze zu entreißen. Ehrlich teilt er sie mit den Gefährten und seinen Eltern.

Hanasaka Jiji

Der Hund eines Bauern führt seinen Herrn eines Tages zu einem vergrabenen Schatz. Der neidische Nachbar findet mit dem geliehenen Hund nur Mist, worüber er so in Wut gerät, daß er das Tier erschlägt. Der Bauer begräbt seinen Hund unter einer Fichte. Im Traum rät ihm das Tier, die Fichte zu fällen und daraus einen Mörser zu machen. Beim Reisstampfen werden aus den Körnern Goldstücke. Beim Nachbarn verwandelt sich der Reis im entliehenen Mörser nur zu Schmutz. Darauf verbrennt er den Mörser. Wieder erscheint der Hund seinem Herrn und läßt diesen die Asche auf dürre Bäume streuen, wodurch diese wieder zu blühen beginnen. Der zufällig vorbeikommende Fürst erlebt das Wunder mit und belohnt den Bauern dafür. Durch Schaden noch nicht klug geworden, versucht der neidische Nachbar auch dies zu wiederholen. Dabei bläst der Wind dem Fürsten die Asche ins Gesicht, und der wütende Herrscher läßt den Nachbarn tüchtig verprügeln.

Hanasaka Jiji. Das Netsuke zeigt den Bauern beim Ausgraben des Goldschatzes, zu dem ihn sein treuer Hund geführt hat. Holz, signiert Tomochika.

Bumbuku Chagama (Der verzauberte Teekessel)

Eine der vielen Tanuki-Geschichten ist das Märchen vom verzauberten Teekessel. Als ein Priester eines Tages seinen alten Teekessel benützt, verwandelt sich das Gefäß in ein Tanuki (Waschbärhund) und läuft im Zimmer herum. Nachdem der heilige Mann das Tier wieder eingefangen hat, verwandelt es sich in den Teekessel zurück. Der geängstigte Geistliche verkauft das unheimliche Stück an einen Kesselflicker. Dieser zeigt nun für Geld den sich immer wieder verwandelnden Teekessel und wird dadurch reich. Mit der Zeit plagt ihn jedoch sein Gewissen, da ihm Tanuki vor

Der verzauberte Teekessel wird hier vom Kesselflicker vorgeführt. Elfenbein.

Bumbuku Chagama. Mit Schrecken sieht der Priester, wie sich sein Teekessel in einen Tanuki verwandelt. Holz.

seinen Verwandlungen das Versprechen abgenommen hat, nicht mehr zu beten. Schließlich gibt der Reuige das Wunderding zurück und zahlt außerdem noch ein Bußgeld. Dem Priester aber gelingt es durch Gebete, den Kessel zur Ruhe zu bringen. Im Morinji-Tempel wird heute noch dieser Kessel als Heiligtum bewahrt.

Urashima Taro

Ein junger Fischer läßt eine gefangene Schildkröte wieder frei. Als er tags darauf zur gleichen Stelle an den Strand kommt, fleht ihn ein schönes Mädchen, das hilflos in einem Boot auf dem Wasser treibt, an, es doch zu ihren Eltern zurückzubringen. Er rudert das Boot zum Schloß des Drachenkönigs. Als dieser erfährt, daß der Jüngling seine Tochter in Gestalt der Schildkröte geschont und aus Seenot gerettet hat, gibt er sie dem Fischer zur Frau. Nach drei Jahren im Palast des Meeresherrschers bekommt der junge Mann Heimweh und bittet seine Frau, seine Eltern besuchen zu dürfen. Sie gibt ihm ein Kästchen mit auf den Weg und gebietet ihm, es nicht zu öffnen. In der Heimat ist ihm alles fremd. Er erfährt, daß die letzten seiner Familie bereits vor 300 Jahren gestorben sind. In seiner Verwirrung und in der Hoffnung, des Rätsels Lösung zu finden, öffnet er das Kästchen. Schlagartig wird er ein uralter Mann und, nachdem er einigen Leuten noch sein Schicksal erzählen konnte, stirbt er.

Diese Geschichte gehört zu den weitverbreiteten Märchen von Menschen, welche glauben, nur wenige Tage im Feenland gewesen zu sein, und erschreckt feststellen müssen, daß es in Wirklichkeit Jahrhunderte waren.

Urashima-Taro. In einer riesigen Muschel übergibt die Märchenprin-
zessin dem jungen Fischer das geheimnisvolle Kästchen.

Japanische Heldensagen

Eine Fundgrube an Motiven für die japanische Kunst sind die Geschichten der Mitglieder der großen Rittergeschlechter. Wie bei unserer Nibelungen-Sage herrscht auch bei den japanischen Rittergeschichten das Legendäre, Anekdotische und Märchenhafte vor.

Benkei

Dies ist eine Heldengeschichte aus dem 12. Jahrhundert. Schon als Junge war Benkei so kräftig und stark, daß er den Necknamen Oniwaka (kleiner Teufel) bekam. Als Junge wird er dargestellt, wie er einen riesigen Karpfen fängt. Mit 17 Jahren geht er unter die Yamabushi. Das Kennzeichen dieser Wanderpriester war der kahlgeschorene Kopf, außerdem trugen sie ein Muschelhorn bei sich.

Seine unheimlichen Kräfte bewies er, als er die Glocke von Miidera stahl und die zentnerschwere Last in sein Kloster trug. Weil die Mönche von Miidera ihren Klang weggezaubert hatten, warf er sie den Berg hinunter.

◁ Benkei. Bei diesem Balance-Netsuke hat der Künstler die Geschichte vom Glockendieb reizvoll gestaltet. Holz.

Benkei mit der Glocke von Miidera. Eine Episode aus seinem Leben berichtet vom Diebstahl der zentnerschweren Glocke aus dem Kloster Miidera. Elfenbein.

Benkei. Zu den japanischen Heldengestalten gehört Benkei. In seiner Jugend war er eine Zeitlang Wanderpriester und wird als solcher mit kahlgeschorenem Kopf und dem Muschelhorn gezeigt. Bei dem vorliegenden Netsuke sitzt er in einer riesigen Muschel, während er auf einem kleinen Muschelhorn bläst. Holz mit Horn und Elfenbein.

Yoshitsune

Eine weitere Episode aus dem Leben Benkeis ist die Begegnung mit Yoshitsune. Dieser von Tengu (Waldgeistern) im Fechten unterwiesene Ritter begegnete auf der Goyo-Brücke dem inzwischen zum Wegelagerer gewordenen Benkei. Durch das mädchenhafte Aussehen getäuscht, unterschätzte der Haudegen Yoshitsune und griff ihn deshalb an. Im Kampf auf der Brücke unterlag Benkei der Gewandtheit Yoshitsunes und wurde sein treuester Vasall.

Yoshitsune. Die Geschichte, wie Benkei durch seine Niederlage zum getreuen Vasallen Yoshitsunes wurde, versinnbildlicht das Netsuke, welches den mädchenhaften Helden Yoshitsune vor dem Pfeiler der Goyo-Brücke zeigt. Elfenbein.

Kiyohime

Ihre Legende ist jedem Kind in Japan bekannt. Der Priester Anchin aus dem Kloster Dojoji (Provinz Kishu) kehrte regelmäßig in einem Gasthaus in Masaga ein. Des Wirtes reizendes Töchterlein namens Kiyohime entbrannte in leidenschaftlicher Liebe zu dem Mönch, der ihre Liebe nicht erwidern durfte. Sie folgte ihm in sein Kloster. Der keusche Mönch verbarg sich vor den Nachstellungen des liebestollen Mädchens unter einer großen Glocke. Da wandelte sich ihre

Kiyohime. Dieses Elfenbein-Netsuke illustriert die Geschichte der verschmähten Liebe der Kiyohime. Als Hannya-Hexe sitzt sie auf der Glocke, unter der ihr Angebeteter Zuflucht gesucht hat.

Hannya-Tänzer. Im Schauspiel wird der Bezug zwischen Kiyohime und der Hannya-Hexe durch den Glockenschlägel hergestellt. Elfenbein.

verschmähte Liebe in Haß, und sie schlug wütend auf die Glocke ein. Diese stürzte herab und begrub den Mönch unter sich. Gleichzeitig verwandelte sich Kiyohime in die Hexe Hannya mit einem Schlangenleib, den sie um die Glocke schlang. Durch die Glut ihrer Leidenschaft verbrannte Anchin unter der Glocke. Seine durch den Lärm herbeigeeilten Brüder fanden unter der Glocke nur noch ein Häufchen Asche. Kiyohime aber floh und ward nie mehr gesehen.

Watanabe no Tsuna

Eines seiner bekanntesten Abenteuer war die Begegnung mit dem Dämon von Rashomon. Dieses Ungeheuer soll Menschen verschleppt haben. Da es nachts angeblich sein Unwe-

Watanabe no Tsuna. Dieser Held wird meist nicht selbst dargestellt. Seine größte Heldentat illustriert jedoch der abgeschlagene Arm des Dämon von Rashomon. Hier hockt ein Oni auf dem riesigen Unterarm. Elfenbein, signiert Masakazu (vergl. Abb. auf S. 51).

sen am Rashomen-Tor von Kyoto trieb, wollte niemand das Tor bewachen. Vom Kaiser ausgesandt, ging Watanabe, um das Tor zu beschützen. Nachdem er die ganze Nacht gewacht hatte, wollte er gerade einnicken, als er eine Berührung auf seinem Helm spürte. Blitzschnell zog er sein Schwert und schwang es über dem Kopf. Da fiel der riesige abgeschlagene Arm des Oni herab, und der verwundete Dämon lief schreiend davon. Netsuke zeigen Watanabe vorwiegend mit dem abgeschlagenen Oni-Arm.

Kuan Yü, Gentoku und Chohi. Die drei chinesischen Generale der Han-Zeit. Neben den eigenen Heldensagen fanden auch chinesische Rittergeschichten bildlichen Ausdruck.

Chinesische Heldensagen

Seit der Einführung der chinesischen Kultur im 6. Jahrhundert bis zur Restauration 1868 gelangte chinesisches Gedankengut nach Japan. Sowohl der Gebildete wie auch der einfache Japaner waren dadurch mit der Geschichte Chinas und seinen Legenden vertraut. Kein Wunder, daß auch die Netsukeshi wie andere Künstler diesen reichen Themenkreis nicht ungenützt ließen. Selbstverständlich kam es dabei zu Verwechslungen und Irrtümern, da es oft Varianten von Geschichten und verschiedenen Erzählweisen gab.

Konfuzius. Auch dieser berühmte chinesische Philosoph und Gelehrte wurde als Netsuke dargestellt, meist mit Kirin, dem chinesischen Fabeltier.

Kuan Yü und Chohi

Die beiden waren berühmte chinesische Generale der Han-Zeit. Kuan Yü ähnelt in der Darstellung Shoki, hat aber einen langen, herabhängenden Bart, den er mit der Hand streicht. Als Waffe trägt er eine Hellebarde und ist manchmal zu Pferd dargestellt.

Chohi war sein Waffenbruder. Er trägt einen fächerartigen Bart, ist von großer Statur und hat eine zweischneidige Lanze.

Kikujido (Chrysanthemen-Junge)

Er war Page des chinesischen Kaisers Muh Wang (japan. Boku-O). Einmal berührte er das Ruhekissen des Herrschers unabsichtlich mit dem Fuß und wurde deshalb verbannt. Aus Mitleid gab ihm sein Herr einen Spruch Buddhas mit auf den Weg. Kikujido ging in das Tal der Chrysanthemen und verbrachte seine Zeit damit, diesen Spruch auf Chrysanthemenblätter zu schreiben. Die Blütenblätter warf er in den Fluß; wer sie fand, dem brachten sie Kraft und befreiten ihn von Hunger und Durst. Aus dem Wasser, mit dem man die Sprüche von den Blättern zu waschen versuchte, wurde ein Elixier, das ewige Jugend schenkte.

Shiba Onko (chines. Sze-ma Kwang)

Schon in seiner Jugend bewies dieser berühmte Staatsmann seine Intelligenz. Als beim Spielen mit zwei Freunden einer der beiden Jungen in einen mit Wasser gefüllten, großen Porzellan-Vorratsbehälter fiel, ergriff er geistesgegenwärtig einen Stein, zerschlug den Behälter und rettete damit den Spielkameraden.

Shiba Onko zerschlägt das Wasserfaß, in das sein Freund gefallen war, und rettet ihn dadurch vor dem Ertrinken. Elfenbein, sign. Shigemasa.

Yoko. Die Geschichte von Yoko, der seinen Vater rettete, indem er sich vor den angreifenden Tiger warf, gehört zu den 24 Beispielen der Kindesliebe. Elfenbein, teils getönt.

Yoko (chines. Yang-Hsiang)

Als während eines Spaziergangs plötzlich ein Tiger aus einem Bambusgebüsch seinen Vater ansprang, rettete Yoko dem Vater das Leben, indem er sich dem Raubtier entgegenwarf und dadurch selbst getötet wurde.

Diese Legende gehört zu den vierundzwanzig Beispielen von Kindesliebe. Sie spielten sowohl in der chinesischen als auch in der japanischen Pädagogik eine dominierende Rolle. Als Netsuke-Motive sind unter anderem noch bekannt:

Enshi

Um seiner kranken Mutter Milch zu besorgen, schlich Enshi sich in ein Fell gehüllt unter ein Hirschrudel, in der Absicht, eine Hirschkuh zu melken. Dabei wäre er beinahe von Jägern erlegt worden. Er wird meist mit Hirschstangen auf dem Kopf dargestellt.

Saishi

Diese junge Frau bewies der Schwiegermutter ihre Liebe, indem sie ihr, da dieselbe zahnlos war, die Brust gab und sie so mehrere Jahre lang ernährte. Da die Alte ihre Schwiegertochter überlebte, rief sie die Nachbarn zusammen und erzählte ihnen dieses Beispiel wahrer Kindesliebe.

Moso

Da es ihm mitten im Winter unmöglich erschien, den Wunsch seiner kranken Mutter nach einer Bambussprossensuppe zu erfüllen, ging Moso tief betrübt zur Bambusplantage. Durch seine warmen Tränen schmolz der Schnee, und wie durch ein Wunder sprossen junge Schößlinge hervor. Erfreut konnte er seiner Mutter das junge Gemüse nach Hause bringen.

Darstellungen
des täglichen Lebens

Nachdem in der Frühzeit religiöse und mythologische Themen die Motive der Netsukeshi abgaben, wurden später
auch gerne alltägliche Sujets gewählt. Neben Berufsdarstellungen von Bauern, Fischern und Händlern hat man auch
Hausrat, Gerätschaften und Werkzeuge geschnitzt. Diese oft
realistisch gezeigten Sujets entsprachen jedoch bei weitem
nicht so sehr der Eigenart der Netsuke, welche besonders
gern Motive mit einem tieferen und symbolischen Sinn oder
mit humorvollem, sehr häufig sogar karikierendem Inhalt
wiedergaben.

Das lag vor allem wohl an der Verwendungsart, denn
neben ihrer Funktion als Gürtelknopf waren es vor allem
Renommier-Objekte, welche man Freunden gerne zeigte.
Einerseits bewunderte man die realistischen Kunstwerke en
miniature wegen ihrer Schönheit, andererseits war es aber
noch viel lustiger, mit anderen Betrachtern zusammen über
ein besonders gelungenes neckisches Netsuke zu lachen.
Und wie dieses Besitzervergnügen wohl dafür verantwortlich ist, daß beispielsweise viele Götter und Heilige sehr
respektlos gezeigt wurden, so führte es auch bei den Szenen
des täglichen Lebens dazu, daß hier neben den eingangs erwähnten realistischen Motiven besonders gerne humorvolle
Figuren wie Blinde, Dicke und Dünne und vor allem die
fremdländischen Barbaren karikiert wurden.

Wagner. Zu der Vielzahl von Berufsdarstellungen gehört das Elfen-bein-Netsuke, das einen Wagner beim Bearbeiten eines Rades zeigt.

Berufs-Nieser. Zu den für uns wohl ungewöhnlich-sten Berufs-Darstellungen gehört der Nieser. Da das Niesen Passanten Glück bringen soll, wird es von Bettlern berufsmäßig betrieben. Hierzu kitzeln sie sich so lange mit einem Stäbchen, bis sie Erfolg haben. Holz.

Mann beim Polieren von zwei Glocken. Die kugelförmigen Glocken sind innen hohl und mit einem Kügelchen gefüllt, so daß sie auch tatsächlich ›klingeln‹. Elfenbein.

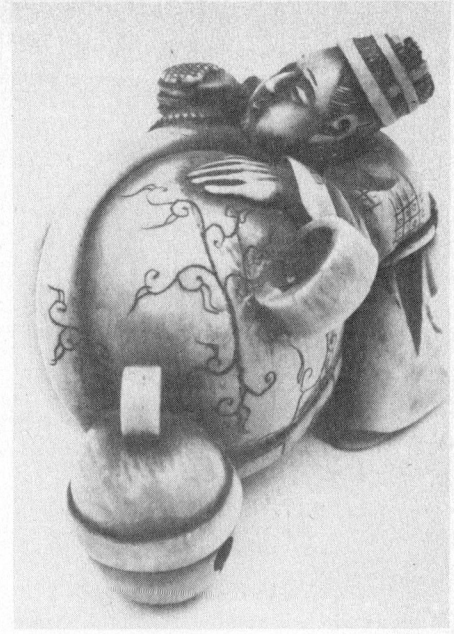

Der kleine Fischverkäufer. Neben einem großen fischgefüllten Korb hockt ein Junge. Elfenbein.

Jäger im typischen Kapuzenum-
hang, unter dem die gefangene
Beute hervorschaut. Elfenbein.

Sake-Verkäufer. Die wegen der
bösen Folgen des übermäßigen
Sake-Genusses   unbeliebten
Händler werden oft karikiert.
Elfenbein.

Drei Sake-Probierer. Bei dieser Tätigkeit werden gerne die drei Religionsbegründer Buddha, Konfuzius und Laotse dargestellt, worauf dieses Elfenbein-Netsuke anspielt.

Zwei Ringer im Kampf, der eine bereitet einen Wurf vor. Getöntes Elfenbein.

Amma (blinde Masseure)

Die Blinden sind meist spärlich bekleidet, mit kahlgeschorenen Schädeln, die oft Beulen haben, porträtiert. Als Folge ansteckender Krankheiten war Blindheit ein in Japan weitverbreitetes Gebrechen. Ihren Lebensunterhalt verdienten Blinde als Musikanten und vor allem als Masseure.

Diese entspannende Dienstleistung nahm man von alters her sehr gern in Anspruch. Nebenher verliehen die Blinden auch Geld und waren als Wucherer unbeliebt. Darin ist ein Grund für die karikierende Behandlung in der bildenden Kunst zu sehen. Andererseits reizten auch Abenteuer von in Gruppen reisenden Blinden Künstler zu humorvollen Darstellungen.

Blinder Kabuki-Sänger. Musizieren war ebenfalls eine beliebte Beschäftigung der Blinden. Holz, signiert Shoju.

Blinder beim Heben eines Gewichtsteines (Chikaraishi). Eine weitere Form der Einzelfigurendarstellung.

Sarumawashi (Affengaukler)

Dieser beliebte Schausteller ließ auf Märkten bekleidete Äff-
chen tanzen, die sich, um ihre Lieblingsspeise, Pfirsiche, zu
ergattern, immer neue Listen einfallen ließen. Auch wenn sie
— was bei der Verspieltheit dieser Tiere oft vorkam — mit
ihrem Herrn Schabernack trieben, war dies ein reizvolles
Thema für Künstler.

Ebenso wurden andere Schausteller wie der Shishi-Mai-
Spieler (Löwen-Tänzer) und Akrobaten gerne porträtiert.

Sarumawashi,
(Affengaukler);
zu den Schaustellern,
die öfter als Netsuke
gestaltet werden,
gehört der Affen-
gaukler. Neben-
stehende Abb. zeigt
einen Affen bei
seinem Auftritt.
Elfenbein.

Sarumawashi, bei einem Nickerchen dargestellt, während ihm der Affe die Pfirsiche stiehlt. Elfenbein.

Der erfolglose Rattenfänger

Außer Spott war es auch Schadenfreude, welche die Motive bestimmte. Ein typisches Beispiel ist das häufig zu findende Rattenfänger-Netsuke: Der im Schlaf gestörte, nur mit einem Lendengürtel bekleidete Mann kauert über der Falle, in der er die gefangene Ratte vermutet. Diese jedoch ist entwischt und hockt — seiner spottend — auf seinem Rücken.

Schadenfreude werden Künstler auch beim Motiv der Moxabehandlung empfunden haben. Bei dieser als bewährtes Hausmittel gegen allerlei Gebrechen in Japan häufig angewandten Behandlung werden getrocknete, verriebene und zu kleinen Kugeln geformte Blätter der Mogusa (Artemisia

Der erfolglose Rattenfänger. Mit Schadenfreude scheinen die Netsukeshi besonders gern den Rattenfänger dargestellt zu haben, dem die
Beute entwischt. Beide Holz.

Moxa-Behandlung. Dieses schmerzhafte Hausmittel und seine Anwendung zeigt das Holz-Netsuke, wobei der Künstler gekonnt das schmerzverzerrte Gesicht während des Verbrennens des Moxakügelchens an seinem Bein zeigt.

moxa) auf der Haut abgebrannt. Den schmerzverzerrten Gesichtern der Patienten sieht man die Tortur dieser Gewaltkur an.

Spiele

Ähnlich wie bei uns gibt es zahlreiche Geschicklichkeitsspiele, verschiedene Arten des Kräftemessens sowie natürlich auch Unterhaltungsspiele, z. B. Brettspiele, wie das Go. Auf dem Gebiet der Netsuke ist es auffallend, daß die Mehrzahl dieser Motive meist im Inneren einer aufklappbaren Frucht gezeigt werden. Solche Stücke gehören zur Gruppe der Trick-Netsuke.

Beliebt sind Netsuke, die Oni beim Yubizumo (Ellenbogenstemmen) zeigen.

Auch Kinderspiele werden gerne gezeigt. Wie auf der ganzen Welt gehören Blindekuh, Ringelreihen, Huckepack, Schneeball- und Fangspiele zu den Unterhaltungen von Kindern. Kleine Japaner spielen auch gerne mit Masken und aus Pappmaché hergestellten Darumapuppen, oft in Form von Stehaufmännchen.

Trick-Netsuke. Im Inneren der aufklappbaren ›Nuß‹ sind zwei Männer beim Go-Spiel dargestellt.

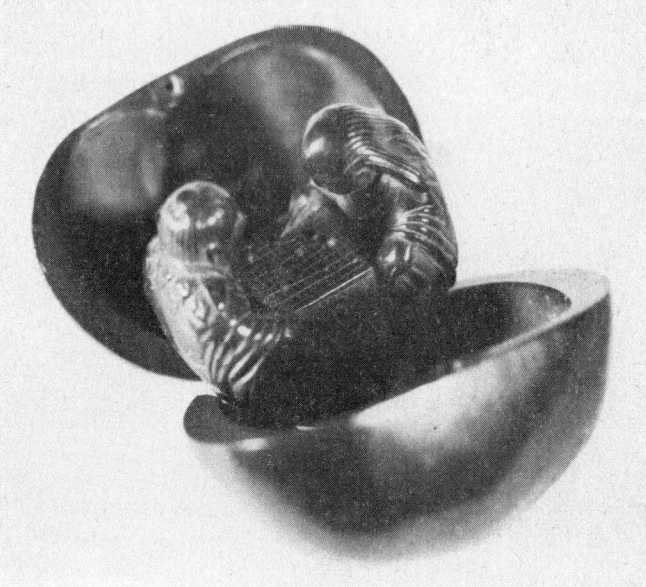

Junge und Mädchen beim Tanzen. Die Vorder- und Rückseiten-Abb. veranschaulichen sehr deutlich diese reizvolle vollplastische Darstellung. Elfenbein.

Den Erwachsenen zeigen sie die ›lange Nase‹, indem sie die unteren Augenlider mit dem Zeigefinger herunterziehen und dabei oft noch die Zunge herausstrecken (Bekkanko-Geste).

Karako beim
Rollen eines
großen Schnee-
balls. Elfenbein.

Deckeldose in Form eines Inro, daneben liegendes ›Netsuke‹ als hockender Karako, der die Bekkanko-Geste macht. Offensichtlich wollte der Künstler damit dem unwissenden Beschauer eine ›lange Nase‹ drehen, nachdem es ihm gelungen war, ihn durch die Formgebung der Dose zu täuschen. Elfenbein mit Shibayama-Einlagen.

Karako

sind die chinesischen Kinder, die häufig in der japanischen Kunst zu finden sind. Sie tragen die fremdländische Kleidung mit Hosen und einer großen Halskrause. Ihr Kopf ist bis auf zwei seitliche Haarbüschel kahl rasiert. Sie werden bei allerlei Beschäftigungen gezeigt, und diese Netsuke gehören ebenso wie das Abbild von Ausländern zu den ansprechendsten Kleinplastiken.

Karako, auf einem Fächer kniend. Holz. Unterseite siehe Seite 21.

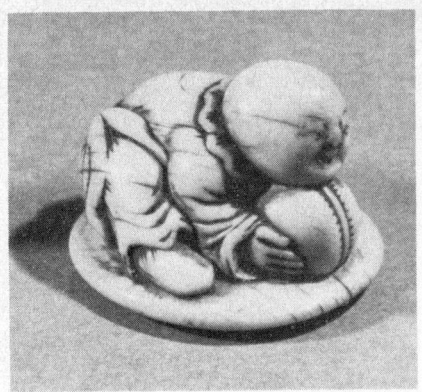

Karako mit einem Ball auf flachem Rundsockel. Durch das Alter und den Gebrauch abgenützt, deshalb sind zum Beispiel die seitlichen Haarbüschel nicht mehr zu erkennen. Elfenbein.

Gruppe von sieben Kindern mit den Attributen der Glücksgötter. Im Vordergrund trägt eines den Sack Hoteis, und in der Mitte spielt ein anderes auf dem Saiteninstrument von Benten. Elfenbein.

Europäer und andere Ausländer

Japan hat sich jahrhundertelang gegen europäische Einflüsse hermetisch abgeschlossen. Zwar landeten bereits 1542 erstmals Portugiesen in Japan, doch war Ausländern der Aufenthalt in dem Inselreich verboten. Nur die Holländer erreichten 1639 die Errichtung eines Handelspostens auf der kleinen — Nagasaki gegenüberliegenden — Insel Deshima.

Der geringe Kontakt mit den ›Barbaren‹ machte diese für die Japaner besonders interessant, und Netsuke zeigen neben Portugiesen (nambanjin = südliche Barbaren) vor allem Holländer (Komo = rotes Haar). Der japanische Name für die Holländer beruht auf deren auffallend blonden Haaren. Bei den Netsuke-Porträts werden die großen Nasen der Ausländer noch übertrieben dargestellt. Auch die Knöpfe an der Kleidung, meist lange Mäntel, Gamaschen, große runde Hüte und Allongeperücken wurden zur Charakterisierung deutlich wiedergegeben. Als Kuriosum sei noch die Darstellung des holländischen eierprüfenden Kochs erwähnt (Davey Abb. Nr. 286, Egerton/Ryerson Abb. Tafel 37, Nr. 5, Netto/Wagener Abb. 229).

Auf den Reiz des Fremdländischen müssen auch Netsuke in Form von europäischen Miniatur-Feuerwaffen zurückgeführt werden. Ebenso gehen Doppelfunktion-Netsuke wie Fernrohre, Kompasse, Taschenuhren u. ä. auf den ausländischen Einfluß zurück.

Ebenso wie die Europäer werden auch die Südseeinsulaner und andere Fremde meist als Karikaturen dargestellt. Oft begegnet man ihnen als dunkelhäutigen Korallenfischern, wobei die schwarzgelackte Oberfläche oder das polierte Ebenholz schön mit den roten Korallenstücken kontrastieren, die man ihnen in den Arm gibt.

Holländer mit einem Hahn. Kennzeichnend für die Darstellung der Fremden ist die Übertreibung der Knöpfe — die japanische Kleidung kannte diese ja nicht — und der breitrandige Hut. Elfenbein.

Südseeinsulaner. Der mit einem Lendenschurz bekleidete › Barbar ‹ hält in der Hand einen Korallenzweig. Ebenholz, sign. Tsunetaka.

Pflanzen und Früchte

Bei ihren Darstellungen reizt oft das Dekorative, aber auch eine manchen Pflanzen zugeschriebene tiefere Symbolik. Es gibt eine Unzahl von verschiedenen Motiven, da die Natur eine unerschöpfliche Fundgrube für immer neue Sujets bietet.

Lotos

In der gesamten buddhistischen Kunst spielt die Lotosblüte eine bedeutende Rolle als Symbol der Reinheit. Ihre Blätter nimmt man oft als Kopfbedeckung bei plötzlichem Regen. Die Frucht ist ein beliebtes Netsuke-Motiv.

Netsuke in Form eines Stellschirmes mit durchbrochenem Lotosblumen-Relief.

Hozuki (Laternenfrucht — Judenkirsche)

Außer als realistische Darstellung — wobei es reizvoll war, die Frucht im Inneren durch ein anderes Material hervorzuheben — ist die Hozuki-Frucht auch als zu öffnendes ›Trick-Netsuke‹ zu finden.

Weitere, häufig in der Netsuke-Kunst verwandte Früchte, sind: Nasubi (Aubergine), Buddhahandzitrone, Granatapfel, Pilze, Kürbis, Kastanien und Nüsse. Letztere werden nicht nur aus anderen Materialien reproduziert, sondern sind selbst Werkstoff, den der Netsukeshi verarbeitet.

Es sei noch besonders darauf hingewiesen, daß bestimmte Tiere jeweils in Verbindung mit derselben Pflanze dargestellt werden. Beliebt und gesucht sind z. B. Netsuke mit Wachteln und Hirse. Andere Kombinationen sind Shishi und Päonie, Tiger und Bambus, Affe und Pfirsich.

Trick-Netsuke in Form einer Hozuki. Der Künstler dieser zu öffnenden Frucht legte größten Wert auf eine effektvolle Ausgestaltung des Fruchtkerns. Schale Holz, Elfenbeinkugel mit Shibayama-Intarsien: Schmetterling und Ranken.

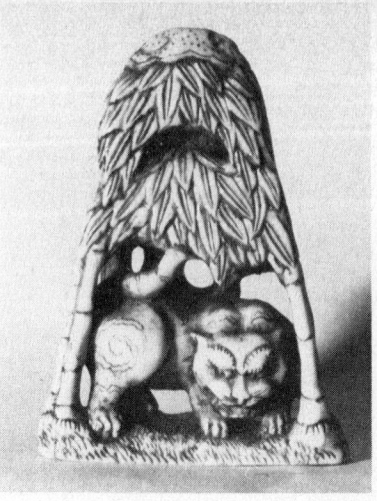

Tiger im Bambusgehölz. Dieses Netsuke soll als Beispiel für die Verbindung von Tieren mit bestimmten Pflanzen dienen. Elfenbein.

◁ Zweiteiliges Netsuke in ▷
Form einer Muschel. Die
Außenseite mit einge-
schnittenem Gedicht, in-
seitig männliches und
weibliches Geschlechts-
teil. Holz.

Erotische Netsuke

Normalerweise sind nackte Figuren in der Netsuke-Kunst selten. Vereinzelt vorkommende liegende nackte Frauenfiguren gehen meist auf chinesische Vorbilder, sogenannte Doktormodelle zurück. In früheren Zeiten war es den vornehmen Chinesinnen nicht gestattet, sich beim Arzt auszuziehen. Anhand der kleinen nackten Figuren konnten sie dem Doktor die schmerzende Stelle bezeichnen (Ueda Reikichi, Abb. 132). Dieses in die japanische Netsuke-Kunst übernommene Motiv wurde oft als Gürtelknopf mit der Doppelfunktion als Pfeifen- oder Pinselhalter gearbeitet. Es hat eigentlich keine erotische Bedeutung.

Recht häufig stößt man auf Netsuke mit erotischen Andeutungen. So verbirgt sich hinter Wiedergaben von Venusmuscheln und Pilzen versteckter erotischer Sinn. Selbstver-

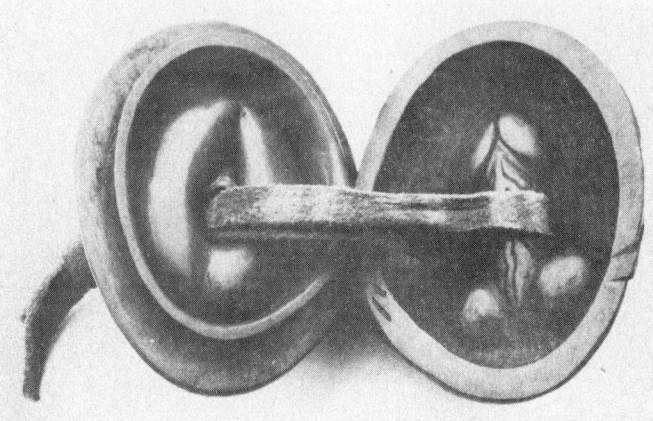

ständlich geht dies auf ihre natürlichen, zweideutig auszu-
legenden Formen zurück. Dem Oktopus (Tintenfisch) wird
nachgesagt, daß er die Awabi-Taucherinnen und Fischermädchen unter Wasser unkeusch liebkoste.

Bereits erwähnt wurde die erotische Bedeutung der lang-
nasigen Tengu-Maske in Verbindung mit Uzume. Diese
lüsterne Göttin ist auch eine der wenigen Figuren, von der es
nackte Darstellungen gibt.

Bei den seltenen eindeutigen Stücken, die Geschlechtsteile
oder den Geschlechtsakt zeigen, geschieht dies meist so, daß
es nicht auf den ersten Blick erkennbar ist. Oft verbirgt sich
hinter einer harmlosen Schauseite eine Obszönität. Wie bei
anderen Trick-Netsuke kann das erotische Motiv oder die
entsprechende Szene auch im Inneren einer harmlosen Form
verborgen sein.

Erotisches Netsuke. Während die Vorderseite die kniende Okame
zeigt, ist die Rückseite als Phallus gestaltet. Holz.

Dreifigurige Gruppe, bei der sich die unverfängliche Vorderseite von der erotisch gestalteten Rückseite abhebt. Elfenbein-Okimono.

· Erotisches Netsuke in Form einer Frucht. Ein ovaler Ausschnitt gibt einen Einblick in das Innere mit kopulierendem Paar. Elfenbein.

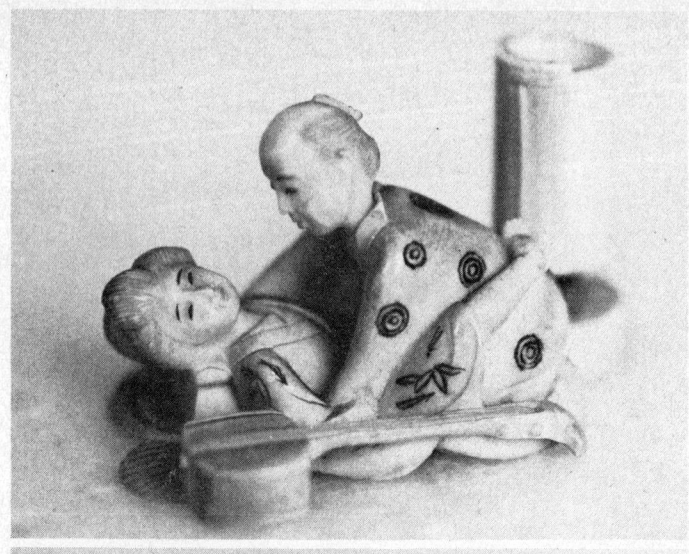

Geisha mit ihrem Liebhaber. Während die Normal-Ansicht den Beschauer das Treiben des Paares nur ahnen läßt, zeigt die Unterseite offen intime Details. Elfenbein.

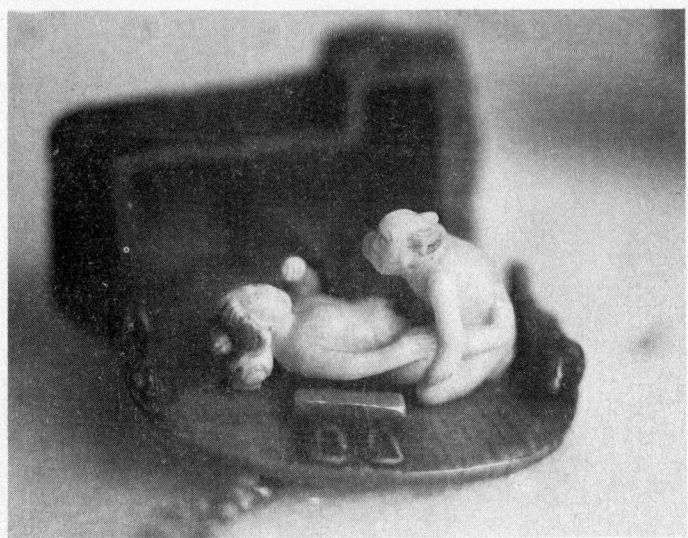

Erotisches Netsuke. Unter dem Äußeren eines Puppenhauses verbirgt sich kopulierendes Paar.

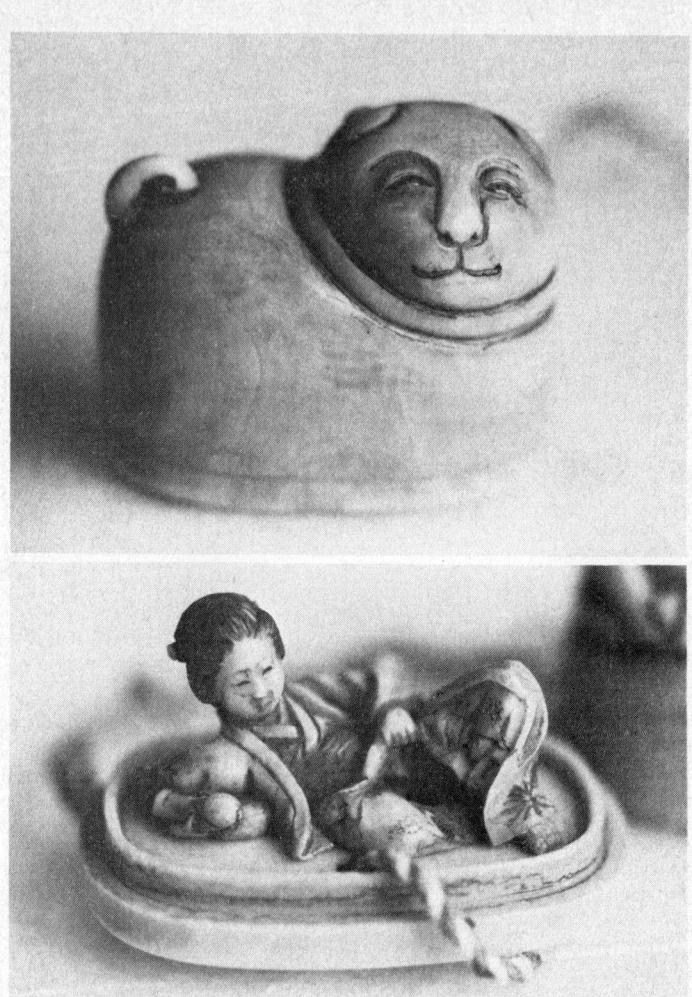

Zwei erotische Netsuke, äußerlich in Form einer Hundepuppe, im Innern Geisha im Negligé in aufreizender Stellung. Holz und Elfenbein.

Masken

Die Häufigkeit des Vorkommens von Masken ist sicherlich darauf zurückzuführen, daß die Schauspiele — bei denen sie wichtiges Requisit waren — in Japan seit alters her sehr beliebt waren. Vor allem das traditionsreiche Sarugaku oder No-Schauspiel war ein religiöses Drama, dessen anonyme Librettisten meist buddhistische Mönche des 14. bis 16. Jahrhunderts waren. Während die Dialoge durch ihre bilderreiche, mit Zitaten aus der chinesischen Poesie gespickten Sprache hauptsächlich den Gebildeten verständlich war, erfreuten sich andere Zuschauer mehr an der Musik und den pantomimischen Tänzen.

Masken-Netsuke, links eine kleine Wiederholung einer Theater-Maske eines Dämons. Holz. — Rechts eine Miniatur-Maske der Okame. Elfenbein, die Haare schwarz eingefärbt.

Manjuförmiges Netsuke in Form von sieben aufeinandergelegten
Masken. Holz.

Schauspieler, die weibliche Rollen oder übernatürliche
Wesen darstellen, tragen Masken. Ihre Verwendung auch als
Netsuke kommentiert Charles de Kay in einem Artikel
»Curious masks among Greeks and Barbarians« im Maga-
zine of Art, London 1898: »Die großen Gesichtsmasken
werden popularisiert durch die als Erinnerung an beliebte
No-Dramen vielfach geschnitzten und getragenen Netsuke-
Nachbildungen derselben. Dies um so mehr, als Material
und geringe Größe zur Entfaltung der größten Meisterschaft
anregen.«

Für die komischen Zwischenspiele bei No-Vorstellungen finden Kyogen-Masken Verwendung. Aus dem großen Repertoire der No-Spiele seien als Typen der Tengu, Okame, Oni, Hannya, der fuchsartige Kitsune herausgegriffen.

Neben den verkleinerten No-Masken werden auch Figürchen aus dem No-Spiel und aus religiösen Tänzen als Netsuke geschnitzt. Dazu gehören der Sambaso-Tänzer, der an seinem Fächer und der hohen schiffchenartigen Mütze zu erkennen ist. An Neujahr trifft man in den Straßen die zu zweit oder dritt auftretenden Manzai-Tänzer. Sie tragen populäre Shishi- oder Uzume-Masken.

Hockender Tänzer mit übergestülpter Shishi-Maske. Holz.

Bugaku-Tänzer, Holz mit aufgesetzter Elfenbein-Maske.

Tänzer mit hoher Mütze, die Hände in den großen Ärmeln versteckt. Holz.

Tänzer in langem Gewand, das Doppel-Gesicht ist in Kugelform gearbeitet, um eine Achse drehbar, so daß nach Belieben das hübsche Gesicht Kiyohime und dann die Hexenfratze der Hannya vorgezeigt werden kann.

Volkstümlicher Tänzer, auf
einem Bein hüpfend. Holz.

Demjenigen, der sich durch die verwirrende Zahl von
Darstellungen erdrückt und die fernöstliche Fremdartigkeit
verunsichert fühlt, sei zum Trost folgende Anekdote erzählt:

Bei der Katalogisierung unserer ersten großen Netsuke-
Sammlung wollten wir die Hilfe einer jungen japanischen
Studentin für das Lesen der Signaturen in Anspruch neh-
men. Mit der auf einen Tisch ausgebreiteten Kollektion von
Netsuke konfrontiert, fragte sie ratlos: »Was ist das?« Erst
nachdem sie einige Signaturen entziffert und heimische Ge-
genstände wiedererkannt hatte, glaubte sie uns, daß diese
Sammler-Objekte aus ihrer Heimat stammten.

Nachwort

Die ungeheure Vielfalt an Themen und Motiven, die uns bei den Netsuke begegnen, machen den besonderen Reiz dieses japanischen Kunstgewerbe-Zweiges aus. Der Sammler wird auch nach dem Studium der einschlägigen Fachliteratur überrascht feststellen, daß er immer wieder auf neue, unbekannte Motive oder bisher unbekannte Varianten stößt. Und das entspricht der Psychologie des Sammlers — dem Streben nach Vollständigkeit in dem Bewußtsein, diese nie zu erreichen.

Bildnachweis

Bei den abgebildeten Netsuke handelt es sich — sofern nicht anders angegeben — um Stücke, die vom Kunst- und Auktionshaus Dr. Nagel, Stuttgart, im Laufe der letzten drei Jahre versteigert wurden. Ein Teil davon befindet sich heute in der Sammlung Becker, Lichtenwald.

Aus einer Stuttgarter Privatsammlung erotischer Netsuke stammen die Abbildungen auf Seite 156—161.

Die Aufnahmen wurden gefertigt von: F. Becker, M. Lehnert, G. Nagel und D. Keller.

Kleines Lexikon der Fachbegriffe

Ama	Fischermädchen, Muscheltaucherin
Amma	blinder Masseur
Arhat	siehe: Rakan
Ashinaga	Sagengestalt mit langen Beinen
Awabi	Seeohr (Muschelart)
Azana	Neck- oder Spitzname
Bakemono	Gespenst, Kobold
Baku	Fabeltier, das die bösen Träume frißt
Bekkanko (Bekkako)	Geste, mit der Kinder jemandem ein Gesicht schneiden
Biwa	mandolinenähnliches Saiteninstrument
Bokudo	Hirtenknabe, buddhistisches Symbol für vollkommene innere Ruhe (= Ushi Doji)
Bokuto	Holzschwert, von Berufsklassen verwendet, denen das Tragen der traditionellen Schwerter nicht erlaubt war, vor allem von Ärzten (daher auch ›Ärztedolch‹ genannt)
Bugaku	aus China eingeführter altjapan. Tanz
Byakudan	Sandelholz
Cha	Tee, Teestrauch
Cha-no-yu	Teezeremonie
Cha-ire	Teebehälter, Teedose
Chagama	Teekessel
Chikara-ishi	Stein für Kraftprobe-Wettbewerbe
Chomei	Schnitzer-Signatur
Daikon	Rettich
Eboshi	hohe Mütze der Höflinge
Edo	der frühere Name von Tokio
Fugu	Kugelfisch, als Delikatesse geschätzt, bei unsachgemäßer Zubereitung allerdings giftig
Fukura Suzume	›Glücksspatz‹, Spielzeugspatz

Fundoshi	Lendentuch
Geta	Holzschuh, Stöckelsandale
Go	Brettspiel
Hako-Netsuke	Netsuke in Form von kleinen Behältern (Hako = Schachtel, Dose)
Hakutaku	Einhorn
Hamaguri	Venusmuschel
Hannya	weiblicher Dämon
Himotoshi	Kordellöcher am Netsuke
Hinoki	Zypresse
Hiottoko	komische Dramenfigur der Zwischenspiele beim No. Die Maske zeigt eine groteske Fratze
Ho-o	chinesischer Fabel-Vogel, »Phönix«
Hornbill	englischer Name des sog. Pfefferfressers (in Indonesien lebender Vogel der Bucerotidiae). Der Schädelknochen liefert ein elfenbeinähnliches, gelbliches Netsuke-Material mit roten Verfärbungen.
Hossu	von buddhistischen Priestern getragener pinselartiger Wedel mit weißen Haaren — ursprünglich wohl Fliegenwedel.
Hozuki	Judenkirsche (Physalis Franchetii)
Hyotan	Flaschenkürbis, Kürbisflasche
Ingyo	Siegel, Petschaft
Inro	Siegelbehälter, Medizindose — siehe: Sagemono
Ittobori	Schnitztechnik mit nur einem Messer
Junishi	die zwölf Zeichen des japan. Tierkreises
Kagamibuta	Manju-Art, sog. Spiegel-Netsuke (kagami = Spiegel), aus zwei Teilen: schalenförmige Holz- oder Elfenbeinkapsel und Metall-›Spiegel‹
Kakihan	Siegelsignatur
Kappa	Wasserkobold der japanischen Sage
Karako	Chinesenjunge oder Junge in chinesi-

	scher Kleidung (oft als Begleiter von Gottheiten)
Karashishi	chinesischer Löwe, ›Fohund‹, löwenähnliches Fabeltier
Katabori	vollplastische, meist figürliche Schnitzerei
Kiku	Chrysantheme
Kinchaku	Geldbörse aus Brokat oder Leder
Kiri	Paulownia (baumartige, blau blühende Pflanze)
Kirin	das Einhorn aus der chinesischen Mythologie
Kiseru-zutsu	Pfeifenetui (Kiseru = Tabakspfeife)
Kitsune	Fuchs
Komuso	zum Bettelmönch gewordener Samurai
Koshi-sage	(Sagemono), am Gürtel getragene Dinge (Koshi = die Hüfte)
Manju	runde, knopfförmige Netsuke-Art (nach dem runden Reisgebäck benannt)
Manzai	herumziehende komische Tänzer
Minogame	die uralte, sagenhafte Schildkröte mit einem buschigen ›Schwanz‹ aus Seepflanzen
Miso	Bohnenmus
Mochi	Reiskuchen
Mokugyo	hölzerner buddhistischer Tempelgong
Moxa	pflanzliches Pulver, verbreitetes Hausheilmittel
Namazu	Wels, nach dem Volksglauben für Erdbeben in Japan verantwortlich
Nasubi	Aubergine
Negoro	Lackart
Netsukeshi	Netsuke-Schnitzer
Ningyō	Puppe
Ningyo	Meerweibchen, Wassernixe
Nio	die zwei Wächtergottheiten der buddhistischen Tempel

No	traditionelles japanisches Tanzdrama
Nue	Fabeltier mit Affenkopf, Dachsleib, Tigerklauen und Schlangenleib
Obi	Gürtel
Obi-Hasami	lange, im Gürtel eingehängte Netsuke
Ojime	kleiner, verschiebbarer Knopf auf der Netsuke-Kordel
Okimono	Ziergegenstand, Kunstobjekt zum Aufstellen
Oni	Teufelchen, Dämon
Oni-no-Nembutsu	bekehrter (zu Buddha betender) Oni
Oni-yarai	das Austreiben der Dämonen durch Werfen von Bohnen an Neujahr (Setsubun-Fest)
Rakan	(chin. Lohan, sanskrit: Arhat) buddhist. Heilige, insbesondere die unmittelbaren Jünger Buddhas, zu denen die Chinesen 18, die Japaner 16 seiner Schüler zählen.
Rokkasen	die sechs legendären Dichter
Ronin	herrenloser Samurai, Abenteurer, Glücksritter
Ryusa	durchbrochen geschnitztes Manju, nach einem Netsuke-Künstler benannt
Sagemono	(wörtlich: Hängeding) am Gürtel getragene Gegenstände: Inro, Tabakbeutel (Tabakoire), Pfeifenetui (Kiseru-zutsu), Geldbörse (Kinchaku), Schreibzeug (Yatate) u. a.
Saishiki-Netsuke	bemalte Netsuke (Saishiki = Wasserfarbe)
Sake	Reiswein
Samisen	Saiteninstrument (dreisaitige Guitarre)
Sarumawashi	Affengaukler (Saru = Affe)
Sashi	lange, stabförmige Netsuke
Sennin	meist einsiedlerisch lebende Unsterbliche
Samurai	Angehöriger der japanischen Ritterklasse
Sentoku	Kupferlegierung mit Zinn, Zink und Blei

Setsubun	siehe: Oni-yarai
Shakudo	Kupferlegierung mit Gold und Silber
Shibayama	nach dem Künstler benannte Dekorations-Technik, das Verwenden von Einlagen aus verschiedenen Materialien wie Horn, Perlmutt und Koralle.
Shibuichi	Kupferlegierung mit ca. einem Viertel Silber
Shichi-Fukujin	die sieben Glücksgötter
Shishi	der buddhistische Löwe
Shishi-Odori	(Shishi-Mai) Löwentanz
Shojo	trinkfreudige Sagengestalten
Soken Kisho	das erste Druckwerk, das über Netsuke berichtet. Es erschien 1781 und verzeichnete 54 Netsuke-Künstler.
Suigara-ake	Aschenbecher
Tabako-ire	Tabaksbeutel (siehe: Sagemono)
Tai	Brasse (Seefisch)
Takara-Bune	mit Schätzen beladenes Schiff
Takaramono	Schatz
Take	Bambus
Tama	Juwel, Bestandteil der Takaramono, Attribut buddhistischer Heiliger
Tanuki	Dachs, Waschbärhund
Tenaga	Sagengestalt mit langen Armen
Tengu	Waldgeist, langnasiger Kobold
Tennin	buddhistischer Engel
Tonkotsu	hölzerner Tabakbehälter (Sagemono)
Tsuba	Stichblatt des Samuraischwertes
Tsuge	Buchsholz
Umimatsu	schwarze oder dunkelbraune Korallenart
Umoregi	versteinertes (fossiles) Holz
Ushi Doji	siehe: Bokudo
Yamabushi	Wanderpriester
Yatate	Reise-Schreibzeug, Behälter für Pinsel und Tusche (siehe: Sagemono)
Zoge	Elfenbein

Preisbeispiele

Die folgende Tabelle gibt einige Beispiele von Schätzpreisen und
Erlösen einiger Stücke. Das angegebene Datum ist der Termin, an
welchem das jeweilige Netsuke versteigert wurde. Bewußt wurden
kennzeichnende mittlere Ergebnisse ausgewählt. Die zwischen-
zeitliche Marktentwicklung hat die Preise zum größten Teil überholt. Sämtliche Erlöse wurden auf Auktionen des Stuttgarter
Kunst- und Auktionshauses Dr. Fritz Nagel erzielt. (Die angege-
benen Preise verstehen sich ohne Aufgeld und ohne Mehrwert-
steuer.)

Abb. Seite	Darstellung	Schätzpreis DM	Erlös DM	Auktions- datum
68 unten	Daikoku und Ebisu	750,—	800,—	Sept. 1974
75 oben	Daruma	550,—	900,—	Dez. 1973
80	Sennin Ikkaku	450,—	850,—	Sept. 1974
121	Hanasaka Jiji	950,—	1200,—	März 1975
122	Bumbuku Chagama	450,—	400,—	Dez. 1974
131	Konfuzius	1300,—	1200,—	Dez. 1973
136	Bettler	500,—	850,—	Dez. 1973
142	Sarumawashi	500,—	450,—	Sept. 1974
148	Karako	440,—	400,—	Dez. 1973
162	Maske Okame	380,—	330,—	Juni 1974

Bibliographie

Kunstgeschichte Japans und Ikonographie

Feddersen, Martin: Japanisches Kunstgewerbe, Braunschweig 1960
Goepper, Roger: Kunst und Kunsthandwerk Ostasiens, München 1968
Janata, Alfred: Das Profil Japans, Museum für Völkerkunde Wien, 1965
Joly, H. L.: Legend in Japanese Art, London 1908 (und Neudruck)
Kümmel, Otto: Das Kunstgewerbe in Japan, Berlin 1911
Münsterberg, Oskar: Japans Kunst, Braunschweig 1908
ders.: Japanische Kunstgeschichte, 3 Bde., Braunschweig 1904—1907
Netto, C., und G. *Wagener*: Japanischer Humor, Leipzig 1901
Newman/Ryerson: Japanese Art, a collector's guide, London 1964
Rathgen, Karl: Staat und Kultur der Japaner, Bielefeld und Leipzig 1907

Netsuke

Brockhaus, Albert: Netsuke. Versuch einer Geschichte der japanischen Schnitz-
kunst. Leipzig 1905, 2. Auflage 1909. — Umfangreiches Standardwerk, aller-
dings vergriffen und auch im Antiquariat schwer erhältlich.
Bunke, H. G.: Netsuke, japanische Kleinplastik. Ein Brevier. Braunschweig 1959
Bushell, Raymond: Collector's Netsuke, New York — Tokyo 1971
ders. (übersetzt von): The Netsuke Handbook of Ueda Reikichi, 8. Auflage 1973
Davey, Neil K.: Netsuke. A comprehensive study based on the M. T. Hindson
Collection, London 1974
Hurtig, Bernard: Masterpieces of the Netsuke Art, New York — Tokyo 1973
Jonas, F. M.: Netsuké, 1928 (Neudruck 1960)
Ryerson, E.: The Netsuke of Japan, London 1958
Wolf, Richard: Die Welt der Netsuke, Wiesbaden 1972

Zeitschrift

Journal of the International Netsuke Collectors Society, Honolulu

Eine Bibliographie, die die über Netsuke erschienenen Veröffentlichungen fast
vollständig verzeichnet — einschließlich einer großen Zahl von Zeitschriften-
artikeln und Auktions-Katalogen — gab C. V. S. Roosevelt, Washington D.C.,
1973, heraus.

Register